いま、子どもの放課後はどうなっているのか

深谷昌志・深谷和子・髙旗正人 編

北大路書房

もくじ

1章　子どもの放課後はどうなっているのか

2章 子どもの放課後をどう考えるか

1章 子どもの放課後はどうなっているのか

1節 子どものライフスタイル

1 日本の子ども調査の展開

一九七〇年代より国際比較という手法での子ども調査が日本において行なわれるようになった。それは、日常生活において、子どもの生活行動や規範意識、価値観など大人のそれとの間に何かギャップが感じられるようになり、「何か日本の子どもたちがおかしい」という声が聞かれるようになったからである。第二次世界大戦の終戦前後の貧しい日本の社会で育った大人たちと、昭和三十年代以降豊かさを増した日本社会で、衣食住の不自由を知らずに育った子どもたちとの間に価値観や規範意識のうえで違いが出てくることは当然のことかもしれない。その違いが、日本の将来に希望やより多くの豊かさをもたらし、日本社会の安定を予測させるものであれば、問題はなかった。しかし、事態は反対で、社会の安定や秩序を破壊し、将来に対して茫漠とした不安を予見させる子どもたちの言動が見られるようになった。

千石と飯長は[☆1]、「日米小学生調査」（一九七七年と一九八三〜八四年）と称する国際比較の調査から、規範意識に関する日本の子どもの特異性を明らかにした。日本と諸外国の傾向は、当時考えられていたものと正反対を示した。日本がもっとも高い数値を示すと考えられていた諸項目で、調査結果では日本の子どもたちは最下位であった。たとえば、「国際児童調査」のデータを見ると「手伝い仕事をする率」「乗り物で年寄りや体の不自由な人に席をゆずる率」「学校の廊下や庭のごみを必ずひろう率」はシンガポール、フィリピン、イラン、イギリス、アメリカと比較して日本はすべてにおいてもっとも低かった。

これらの調査をはじめとして、当時の総務庁が実施した多くの国際比較調査の結果は、日本の青少年の将来そして日本社会の将来をバラ色に色づけできるものではなかった。

調査が予見したように、二十世紀後半からの日本の子どもたちは社会問題化するようなさまざまな逸脱的な行動を生み出すようになった。

新しい青少年文化を生み出す契機となった事件は、一九六八（昭和四十三）年に起こった大学紛争であろう。伝統的な大学生文化の解体は青少年の伝統的な社会規範を解体することになった。学生は詰め襟の学生服を脱ぎ捨てて、ジーンズに着替えた。これは、従来からの学生文化を否定する象徴的な現象といえる。一九七〇年代以降に子ども期を過ごした人たちは今や三十代の半ば、小中学生の親となっている。自分たちが子ども時代に経験したことがない豊かさのなかで、子どもたちをどう育てたらよいのか戸惑う親を尻目に、一九七〇年代の子どもたちは自分たちの新しい世界を構築しようと学園紛争、家庭内暴力、オヤジ狩りといった破壊をくり広げた。その子どもたちが今、親になっている。その意味では、貧しい日本の生活文化から生まれた子どもの生活世界の秩序をガタガタにした世代が親世代を成している現代である。昨今でも不登校、いじめなど古い秩序への抵抗とみられる逸脱行動はあるが、豊かな日本の新しい子どもの生活世界が一定の水準で安定する時代に現代はさしかかっているとも考えられる。

このような歴史的時点において、日本の子どもたちの生活行動の実態を確かな方法でデータとして把握しておくことは、重要であると考えられる。新しい子どもの生活世界はどのようになっていくのかを予測するためにも、子どもたちの生活と意識、価値志向などを捉えておく意味は大きいと考える。

2　全国子ども調査の開始

全国調査発足の経緯

二〇〇三年十月四日の「日本子ども社会学会理事会」において「日本の子ども社会の現状を学会として調査し、日本の子どもに関するデータを全国に発信すべきではないか」という意見が出された。

結成十周年を迎え、日本子ども社会学会は、学会会期中の個人発表件数や学会紀要『子ども社会研究』への投稿件数が増大し、学会としての着実な発展を遂げてきた。そこで、分科会での個人・共同研究発表だけでなく、日本子ども社会学会全体として、「日本の子どもたちの実態をデータとして把握し、かつ全国に報告するという使命を理事会として確認し、とりあえず深谷和子と髙旗正人が試行的調査を企画した。その後多くの会員の協力を得て実施され、二〇〇四年の第11回大会（於：九州大学）で発表された。そして同学会会期中の六月十二日（土）に開催された総会において、二〇〇四年度の調査実施に向けて予算決定がなされ、正式な第一回学会調査がスタートした。

二〇〇四年学会に報告した試行調査は、各界からの質問や問い合わせが相次ぎ、反響の大きさは予想をはるかに上回るものであった。そうした学会調査に対する各界からの期待に応えるべく、秋調査を実施した。同じ二〇〇四年の冬と秋、同じ地域における子どもの放課後の生活がどう違ってくるかを、データとして残し、十年後二十年後における変容を確実にとらえることをねらったものである。

調査の手続きと方法

〈目的と仮説〉

本調査の目的は、子どもの放課後の生活実態を明らかにすることである。一九七〇年代より実施されてきた多くの子ども調査は、国際比較を含めて生活意識、価値規範意識、学校観・教師観、などが多いように思われる。本調査は、生活を子どもたちが比較的自由に選択できる放課後の生活時間帯を対象とし、その実態を明らかにすることをねらった。放課後こそ子どもの時間であり、大人に干渉されずに自由に自分の生活をつくり出すことができる時間帯であると考えられる。しかし、そのような時間帯に、今、子どもたちは自由に放課後を自分たちの時間帯として主体的に構成することができているであろうか。子どもたちの比較的自由なその生活空間は今どのようになっているのであろうか。

また、何によってどのような変化を今後は見せるであろうか。二〇〇四年の子どもを知るためには、学校以外の空間での子どもの生活実態を知ることが重要であると考える。

〈調査の手続きと対象〉

この「子どもの放課後全国調査」は、二〇〇四年の冬（第一回調査）と秋（第二回調査）とに行なわれた。子どもの生活は、「放課後」とはいえ、季節によって異なるであろうという考えからである。冬秋とも「放課後の子どもたち」の生活実態に焦点化し、計量的な方法による分析を行なったが、秋（第二回目）調査については、二〇〇四年第一回調査の学会発表の際に不足を指摘された質問項目（パソコン・メールの活用状況等）の追加を行なった。

冬調査は二〇〇四年一月〜二月に実施した。簡単な調査マニュアルを協力校に渡し、各クラスの担任に調査を実施してもらうように依頼した。調査対象は小学5年生および6年生で、北海道から沖縄の全国16地点で行なった。そして、子どもの放課後の生活が季節とともに地域によっても異なるであろうという仮説を検証するために、校区内に海、商店街、駅などがあるかどうかを詳細に把握し、16地点の比較と同時に、次の三つの地域を分けて比較考察が可能なように調査対象を編成した。①大都市部…都市化が進み、子どもたちの遊べる自然が少ない地域、②農山村部…豊かな自然のなかで、遊ぼうと思えば遊べるような地域、③中間部…落ち着いた住宅地域、である。

サンプル数は各校で百人程度を目安とし、いずれの学校も5年生と6年生の全数調査が行なわれたため、冬調査で回収したサンプル数は三、二二六人であった。

第二回目の秋調査は、第一回調査と同じ二〇〇四年九月〜十一月に実施した。秋調査も手続きとしては同様であり、調査対象校・学年も第一回と同様であるが、継続調査が困難であった小学校もあり、若干の調査対象の入れ替えがあった（群馬、福岡、大阪の三校）。総サンプル数は若干減って二、七九三人であったが、それでも当初予定していた一、六〇〇人を大幅に上回っており、第一回調査との比較分析に堪える被調査者数である。冬・秋二回の調査の対象者の属性は表1－1の通りである。

3　子どもたちのライフスタイル

二〇〇四年の日本の子どもたちのライフスタイルはどのようになっているだろうか。二回の調査データから明らかにしてみることにしよう。

遅くなった起床時刻

全体的に見ると（表1－2）、冬・秋ともに「六時すぎ〜七時の間」がもっとも多く、冬60・1％、秋61・2％と、いずれも全体の60％を超えている。次が「七時すぎ〜八時の間」で冬は31・6％、秋は

●表1－1　被調査者の属性

			調査時期			性別			学年		
			冬	秋	合計	男子	女子	合計	5年生	6年生	合計
地域特性	大都市部	度数	458	410	868	431	418	849	442	414	856
		(%)	52.8	47.2	100.0	50.8	49.2	100.0	51.6	48.4	100.0
	農山村部	度数	1394	1120	2514	1254	1225	2479	1138	1347	2485
		(%)	55.4	44.6	100.0	50.6	49.4	100.0	45.8	54.2	100.0
	中間部	度数	1374	1263	2637	1308	1272	2580	1242	1346	2588
		(%)	52.1	47.9	100.0	50.7	49.3	100.0	48.0	52.0	100.0
合計		度数	3226	2793	6019	2993	2915	5908	2822	3107	5929
		(%)	53.6	46.4	100.0	50.7	49.3	100.0	47.6	52.4	100.0

26・1%でやや冬のほうが起床時刻は遅くなっているが、時間帯の順位は変わらない。一九八四年に実施された全国調査NHK世論調査☆2では、子どもたちは七時までに9割が起床している。このたびの筆者たちの調査では七時以降に起床する子どもが平均で約3割。子どもたちは朝寝坊になっている。

また、地域間にかなりの差異が認められる。まず冬調査でもっとも高いのは大都市部で「七時すぎ～八時の間」が51・6%、中間部では「六時すぎ～七時の間」が56・5%、農山村部では71・3%であった。中間部と農山村部は一位が「六時すぎ～七時の間」であるのに対して、大都市部では他の二地域と順位が異なり、「七時すぎ～八時の間」が一位となっている。この傾向は、秋調査

●表1－2　朝起きたのは

			今朝起きたのは					
			5時前	5時すぎ～6時の間	6時すぎ～7時の間	7時すぎ～8時の間	8時以降	合計
〈冬〉地域特性	大都市部	度数	3	22	167	236	29	457
		(%)	0.7	4.8	36.5	51.6	6.3	100.0
	農山村部	度数	3	106	990	286	4	1389
		(%)	0.2	7.6	71.3	20.6	0.3	100.0
	中間部	度数	13	85	771	493	2	1364
		(%)	1.0	6.2	56.5	36.1	0.1	100.0
合計		度数	19	213	1928	1015	35	3210
		(%)	0.6	6.6	60.1	31.6	1.1	100.0
〈秋〉地域特性	大都市部	度数	1	17	154	212	11	395
		(%)	0.3	4.3	39.0	53.7	2.8	100.0
	農山村部	度数	7	122	772	189	7	1097
		(%)	0.6	11.1	70.4	17.2	0.6	100.0
	中間部	度数	12	98	726	304	67	1207
		(%)	1.0	8.1	60.1	25.2	5.6	100.0
合計		度数	20	237	1652	705	85	2699
		(%)	0.7	8.8	61.2	26.1	3.1	100.0

においても同様である。

起床時刻は、大都市部が三地域の間でもっとも遅く、次が中間部、農山村部がもっとも早くなっている。

このように見てきて気づくことは、日本の子どもたちの90％近くが六時から八時の間に起床しており、10％以上の六時前および八時以降の起床は、ごく一部（農山村部の秋）を除いて見られない。

この調査を通して考えられることは、日本の子どもたちの生活秩序が学校の始業時刻によって強く規定されているということである。不登校や学級の荒れなどによって、学校教育や義務教育の批判や不要論さえも論じられる。しかし、現代の日本の子どもたちの社会化のために学校教育が果たしている役割の大きいことはこの点からも明白である。もし学校がなかったら、このように子どもたちの起床時間は、全国一斉に揃うことはないであろう。

遅くなった就寝時刻

就寝時刻を全体で見ると（表１－３）もっとも多いのは、冬も秋も「十時すぎ～十一時の間」で冬は38・８％、秋は35・１％であった。第二位は「九時すぎ～十時の間」で冬が29・０％、秋は27・３％であった。第三位は「十一時すぎ～十二時の間」で冬は18・７％、秋は20・３％となっている。一九八四年にＮＨＫが実施した子ども調査[☆2]と比較すると、およそ子どもの就寝時刻は一時間程度遅くなっている。二十年経つと約一時間、宵っ張りの朝寝坊となっている。

地域別では、各地域の就寝時間帯の順位はほとんど変わらないが、十一時以降の遅い傾向は大都市部、中間部、農山村部の順である。反対に「八時すぎ～九時の間」以前の早い時間帯に就寝する子どもの割合は、農山村部、中間部、大都市部の順に少なくなっている。

大都市部の子どもたちは、遅く起きて遅く寝る傾向がある。相対的にではあるが農山村部の子どもは、反対に早く起きて、早く寝ている。中間部は両者の中間である。都市化が進むほど、起床時刻も就寝時刻も遅くなる傾向が認められる。

放課後とりわけ下校して就寝するまでの時間帯は、子どもの自由な生活時間帯である。かつての集約的農業を中心とした日本の産業構造のなかでは、子どもは重要な働き手の一翼を担っており、下校を待ちかまえて手伝いをさせられた。農繁期には、何も見えない暗闇がせまって

●表1－3　夜寝たのは

			夜寝たのは						合計
			8時前	8時すぎ～9時の間	9時すぎ～10時の間	10時すぎ～11時の間	11時すぎ～12時の間	12時以降	
〈冬〉地域特性	大都市部	度数	2	12	87	166	135	54	456
		(%)	0.4	2.6	19.1	36.4	29.6	11.8	100.0
	農山村部	度数	16	127	472	547	179	50	1391
		(%)	1.2	9.1	33.9	39.3	12.9	3.6	100.0
	中間部	度数	10	90	371	532	286	74	1363
		(%)	0.7	6.6	27.2	39.0	21.0	5.4	100.0
合計		度数	28	229	930	1245	600	178	3210
		(%)	0.9	7.1	29.0	38.8	18.7	5.5	100.0
〈秋〉地域特性	大都市部	度数	4	24	69	138	102	57	394
		(%)	1.0	6.1	17.5	35.0	25.9	14.5	100.0
	農山村部	度数	12	119	370	361	183	51	1096
		(%)	1.1	10.9	33.8	32.9	16.7	4.7	100.0
	中間部	度数	8	81	299	450	263	114	1215
		(%)	0.7	6.7	24.6	37.0	21.6	9.4	100.0
合計		度数	24	224	738	949	548	222	2705
		(%)	0.9	8.3	27.3	35.1	20.3	8.2	100.0

くるまで子どもたちは田んぼにいた。それが農山村部の子どもの常識であった。

勉強時間

よほどのことがない限り、家の手伝いをしなくなった現代の子どもたちは、学校から帰宅後何を中心に生活しているのであろうか。勉強や塾の実態を見てみよう。まず帰宅後の勉強時間は、全体で見ると「三十分以下」というものが冬は36・1％、秋は35・3％でもっとも多い。次が「一時間ぐらい」が冬、秋とも二位でそれぞれ33・1％、27・4％であった。第三位は冬では「一時間半ぐらい」で12・1％、秋は「しなかった」で15・6％である（表1－4）。

地域間の差異は、大都市部では勉強時間は長く、反対に農山村部では短い傾

●表1－4　勉強時間

			勉強時間							合計
			しなかった	30分以下	1時間ぐらい	1時間半ぐらい	2時間ぐらい	3時間ぐらい	4時間かそれ以上	
〈冬〉地域特性	大都市部	度数	43	101	139	75	38	29	29	454
		(%)	9.5	22.2	30.6	16.5	8.4	6.4	6.4	100.0
	農山村部	度数	151	552	445	152	64	19	9	1392
		(%)	10.8	39.7	32.0	10.9	4.6	1.4	0.6	100.0
	中間部	度数	97	508	478	161	83	27	12	1366
		(%)	7.1	37.2	35.0	11.8	6.1	2.0	0.9	100.0
合計		度数	291	1161	1062	388	185	75	50	3212
		(%)	9.1	36.1	33.1	12.1	5.8	2.3	1.6	100.0
〈秋〉地域特性	大都市部	度数	53	120	97	45	35	18	26	394
		(%)	13.5	30.5	24.6	11.4	8.9	4.6	6.6	100.0
	農山村部	度数	155	457	290	116	57	8	5	1088
		(%)	14.2	42.0	26.7	10.7	5.2	0.7	0.5	100.0
	中間部	度数	210	369	349	151	80	26	15	1200
		(%)	17.5	30.8	29.1	12.6	6.7	2.2	1.3	100.0
合計		度数	418	946	736	312	172	52	46	2682
		(%)	15.6	35.3	27.4	11.6	6.4	1.9	1.7	100.0

向にある。しかし、秋調査では、「しなかった」と答える子どもが、大都市部（13・5％）、農山村部（14・2％）、中間部（17・5％）となっており、小学5・6年生という高学年にしてはやや多く感じられる。宿題、予習・復習のための時間が10数％の子どもたちには見当たらないのである。一人で学ぶ習慣こそ、学校教育の重要な目標であるはずなのだが……。

通塾・おけいこごと

放課後子どもたちが学習塾やおけいこごとに行っている割合は、冬30・1％、秋32・6％とほとんど季節による違いはない（表1－5）。3割程度の小学5・6年生が二〇〇四年の日本では放課後、学習塾かおけいこごとに通っている。

この割合を多いとみるか少ないとみる

●表1－5　通塾・おけいこごと

			学校から帰って学習塾やおけいこごとに行きましたか		合計
			行かなかった	行った	
〈冬〉地域特性	大都市部	度数	261	186	447
		（%）	58.4	41.6	100.0
	農山村部	度数	1008	322	1330
		（%）	75.8	24.2	100.0
	中間部	度数	877	410	1287
		（%）	68.1	31.9	100.0
合計		度数	2146	918	3064
		（%）	70.0	30.1	100.0
〈秋〉地域特性	大都市部	度数	230	156	386
		（%）	59.6	40.4	100.0
	農山村部	度数	713	343	1056
		（%）	67.5	32.5	100.0
	中間部	度数	795	343	1138
		（%）	69.9	30.1	100.0
合計		度数	1738	842	2580
		（%）	67.4	32.6	100.0

かは、考え方によって違ってくるが、公教育に飽き足らず、子どもの個性を伸ばす教育を志向する保護者が少なくないことを物語る数字である。今回の質問紙では「学校から帰って学習塾やおけいごとに行きましたか」としたので、土日を含めて尋ねると、もっと割合は高くなると考えられる。

冬秋とも地域間の傾向は同様であり、冬について見ると、学校から帰って学習塾やおけいごとに行く子どもは、多いほうから大都市部41・6%、中間部31・9%、農山村部24・2%の順になっている。秋は、大都市部40・4%、農山村部32・5%、中間部30・1%であり、誤差の範囲内で農山村部が中間部より数値的には高くなっている。

テレビの視聴

テレビの視聴時間は、冬も秋も類似した傾向である（表1－6）。つまり、全体的には「見なかった」は冬4・9%、秋5・4%であった。そして、三十分以下から三十分毎に四時間以上までを区分して尋ねたところ各カテゴリーに10%以上の肯定率で解答が寄せられた。わずかに、多いのは、「二時間ぐらい」の21・0%である。秋調査においても、傾向は同じであった。

三地域で比較してみると、「二時間ぐらい」「三時間ぐらい」「四時間かそれ以上」の3カテゴリーでは、農山村部がもっとも高く、中間部、大都市部と続く。反対に「見なかった」「三十分以下」という少ないほうでは、大都市部、中間部、農山村部の順になっている。秋の場合も冬と同じような傾向を示している。

大都市部の子どもたちは、相対的に他の地域に比べてテレビの視聴時間が短い。「見なかった」という子どもは10%を超えている。

テレビ視聴率を二時間程度以上と答えた子どもの割合は合計すると50%を超える。子どもたちの平均視聴率を二時間と考えるならば、年間七三〇時間、三時間とすれば一、〇九五時間となる。今現在、小学校の授業時間数は5年生6年生とも年間九四五時間である。学校の授業時間数より多いテレビの視聴時間を有する子どもが少なくない事実が明らかになる。子どもにとって、学校の授業は与えられたものであり、テレビ視聴は自ら選んだものである。どちらが子どもへの影響力が大きいかは、指摘するまでもないであろう。

このたびの調査からすると大都市部の子どもたちは勉強時間、通塾、おけいこごとなどに関連する時間が多く、テレビ

●表1－6　テレビの視聴時間

			テレビの視聴時間							合計
			見なかった	30分以下	1時間ぐらい	1時間半ぐらい	2時間ぐらい	3時間ぐらい	4時間かそれ以上	
〈冬〉地域特性	大都市部	度数	46	63	75	69	83	71	48	455
		(%)	10.1	13.8	16.5	15.2	18.2	15.6	10.5	100.0
	農山村部	度数	43	110	216	226	314	260	220	1389
		(%)	3.1	7.9	15.6	16.3	22.6	18.7	15.8	100.0
	中間部	度数	68	146	204	218	278	240	215	1369
		(%)	5.0	10.7	14.9	15.9	20.3	17.5	15.7	100.0
合計		度数	157	319	495	513	675	571	483	3213
		(%)	4.9	9.9	15.4	16.0	21.0	17.8	15.0	100.0
〈秋〉地域特性	大都市部	度数	41	55	72	68	63	51	42	392
		(%)	10.5	14.0	18.4	17.3	16.1	13.0	10.7	100.0
	農山村部	度数	45	105	184	169	250	202	136	1091
		(%)	4.1	9.6	16.9	15.5	22.9	18.5	12.5	100.0
	中間部	度数	59	137	219	153	253	206	181	1208
		(%)	4.9	11.3	18.1	12.7	20.9	17.1	15.0	100.0
合計		度数	145	297	475	390	566	459	359	2691
		(%)	5.4	11.0	17.7	14.5	21.0	17.1	13.3	100.0

視聴の時間は他の地域に比べて少なくなっている。農山村部の子どもの場合はその反対の傾向を示した。

常識的には、子どもたちの長時間のテレビ視聴は禁止される場合が多い。子どもたちは親の目を盗んでテレビを視聴する。他方で、平日の通塾も社会通念としては子どもの社会化を制約するとして問題視される。それでは、通塾率の高い大都市部の子どもたちも、テレビ視聴率の高い農山村部の子どもたちも、それぞれ別次元の社会化問題を抱えているといえるのであろうか。中間部の子どもたちがもっとも良い生活世界をつくり上げているといえるのであろうか。

本調査ではこのような問題には精度の高い解答を出すことはできないであろう。ただ、子どもたちの生活世界全体を見つめつつ、あるべき姿を考えるためのデータの提供はできると考えている。

放課後学校に残って遊んだか

筆者は附属小学校校長時代に、家に帰っても近所の友だちと遊ぶことの少ない子どもたちに、下校時刻まで学校に残って友だちと一緒にできるだけ長い時間遊ぶように言ったことがある。子どもたちの多くは、言われなくても下校時刻いっぱいまで賑やかに校庭で遊んでいたことを思い出す。

本調査で、放課後に学校に残って遊んだかについて尋ねた。結果は、表1－7の通りである。「すぐに帰った」子どもは冬では全体で見ると73・6％、秋では74・2％でもっとも多かった。次に多かったのは「五分か十分遊んだ」の冬の16・5％、秋の13・1％であった。地域間の差異はほとんど認められない。この数値は、ほとんど遊んでいないに等しいことから、放課後学校に残って遊ぶなどということは異常なことであるのかもしれない。現在では附属小学校でも担任がそのような指導をしない限り、子どもたちは、授業が終わると早々に帰ってしまうに違いない。学校は子どもたちにとって授業を受けて、勉強するところであって、残って友だちと遊んだりするところではないのであろう。昔は、遊ぶために、一度家に帰り、カバンを置いてから友だちのいる広場に駆けつけたものである。現在は、放課後の子どもたちのライフスタイルのなかから仲間集団での遊びは欠落している。そんななかで、学校に対する考え方は旧態依然としているため、子どもたちは学校に残って遊んだりせず、帰っていくのである。そして学習塾、テレビ、パソコン、各種スポーツクラブ、おけいこごとなどに参加する。仲間集団での遊

●表1－7　放課後学校に残って遊んだか

			あなたはきのうの放課後，学校に残って遊びましたか						合計
			すぐに帰った	5分か10分遊んだ	30分ぐらい遊んだ	1時間ぐらい遊んだ	2時間ぐらい遊んだ	もっと多く遊んだ	
〈冬〉地域特性	大都市部	度数	345	66	17	6	6	2	442
		(%)	78.1	14.9	3.8	1.4	1.4	0.5	100.0
	農山村部	度数	977	215	105	63	6	5	1371
		(%)	71.3	15.7	7.7	4.6	0.4	0.4	100.0
	中間部	度数	1001	238	76	14	7	6	1342
		(%)	74.6	17.7	5.7	1.0	0.5	0.4	100.0
合計		度数	2323	519	198	83	19	13	3155
		(%)	73.6	16.5	6.3	2.6	0.6	0.4	100.0
〈秋〉地域特性	大都市部	度数	273	67	17	29	2	2	390
		(%)	70.0	17.2	4.4	7.4	0.5	0.5	100.0
	農山村部	度数	760	141	98	78	4	7	1088
		(%)	69.9	13.0	9.0	7.2	0.4	0.6	100.0
	中間部	度数	893	131	47	30	10	6	1117
		(%)	79.9	11.7	4.2	2.7	0.9	0.5	100.0
合計		度数	1926	339	162	137	16	15	2595
		(%)	74.2	13.1	6.2	5.3	0.6	0.6	100.0

びが少なくなり、大人と一緒に、または物を対象として孤独に過ごすことに両極分化している現代の子どものライフスタイルが明らかになる。仲間集団は子どもたちにとって、ストレス解消の機能を果たしていた。今子どもたちは強力なストレス解消装置を失っている。学校空間はストレス解消装置として機能する改造を求められているのではないだろうか。

以上基礎的データによって、子どものライフスタイルについて見てきたが、冬秋の差異よりも、地域差が大きい。また、地域差があるとはいえ、その差異は学校という子どもにとって巨大な生活空間によって仕切られているのである。

2節　子どもの遊び環境

本節の目的は、二〇〇四年現在の子どもの遊び環境がどのようになっているのかを明らかにすることにある。森が[☆3]、遊び環境を時間と空間に分類し、空間は物的環境と人的環境からなるとしたように、時間、空間、仲間は、それぞれ子どもの遊び環境を構成する基本要件である。ここでは、子どもの遊び環境を、この時間、空間、仲間という三つの側面から捉え、冬調査と秋調査から明らかになる子どもの遊びの特徴を析出する。ここで言う「時間」とは、一日の生活時間ではなく、冬と秋という季節による変化としたい。季節の変化が子どもの遊びにどのように影響するかを見ることにする。「空間」は、子どもの生活の場としての家の中と普段遊ぶ場所のことを指し、家の中、家の外でどのような遊びをしているのかを明らかにする。「仲間」とは、文字通り子どもが一緒に遊ぶ友だちのことであり、誰とどのようにして遊んでいるのかを検討する。本節では、時間、空間、仲間の三側面から子どもの遊び環境を把握し、子どもの遊びの実態を捉えることにする。

1　遊びの実態――季節による違い

冬調査のみのデータではあるが、二〇〇四年二月期の小学5・6年生の児童が学校から帰宅した時刻の平均は午後四時十一分であった。夕食時刻の平均が午後七時十二分なので、夕食の平均時刻から学校から帰宅した平均時刻を引いた約三時間が、子どもたちにとって外遊びが可能な時間である。さらに、冬調査の就寝時刻の平均が午後十時七分（秋調査では午後十時十四分）なので、帰宅から就寝までの約六時間が家に帰ってから子どもが自由に使える時間となる。この間、子どもはどのようにして過ごしたのか、そこに冬と秋との違いは見られるのかを検討する。

表1－8には、昨日遊んだ場所（家の中だけ、家の中と外の両方、家の外だけ、遊ばなかった）と帰宅後友だちと遊んだか（遊んだ、遊ばなかった）の質問に対する回答をクロスさせ、遊びのタイプを、①家の中で友だちと一緒に遊んだ、②家の中で一人で遊んだ、③家の外で友だちと一緒に遊んだ、④家の外で一人で遊んだ、⑤遊ばなかった、の五つに分類し、各

●表1－8　遊びのタイプ

時期	家の中		家の外		⑤遊ばなかった	合計（%）
	①友だちと一緒に遊んだ	②一人で遊んだ	③友だちと一緒に遊んだ	④一人で遊んだ		
冬	346 （11.4）	805 （26.5）	517 （17.0）	157 （ 5.2）	1215 （40.0）	3040 （100.0）
秋	307 （12.3）	517 （20.7）	559 （22.4）	130 （5.2）	982 （39.4）	2495 （100.0）
合計	653 （11.8）	1322 （23.9）	1076 （19.4）	287 （5.2）	2197 （39.7）	5535 （100.0）

（$P<0.001$）

タイプに該当する児童の人数を冬と秋に分けて示した[注1]。この表からわかることが二つある。一つめは、冬も秋も「遊ばなかった」と回答した児童が全体の4割おり、五つのタイプのなかでは、もっとも大きな割合を占めていることである。二つめは、「遊んだ」子どものなかでは、冬の「家の中で一人で遊んだ」（26・5％）と、秋の「家の外で友だちと一緒に遊んだ」（22・4％）が、それぞれ一番大きな割合を占めていることである。家の中での一人遊びが減り、友だちとの外遊びが増えている点が、冬と秋との大きな違いであると言える。

冬と秋の変化を、地域特性、性別、勉強時間の三つの観点から詳細に検討してみよう。表1－9は、遊びのタイプが、大都市部、農山村部、中間部という地域特性によって、冬と秋とでどのように変化するかを見たものである。この表から、まず、大都市部、農山村部、中間部ともに、五つのタイプのなかでは「遊ばなかった」に該当する児童が共通して多いことがわかる。ただ、大都市部と中間部の「遊ばなかった」に該当する児童は4割超であり、農山村部の「遊ばなかった」に該当する児童は4割を切っていることから、農山村部の児童のほうが、よく遊んでいると見ることができる。別の言い方をするならば、大都市部と中間部では、遊ぶ子どもと遊ばない子どもの二極化が著しいと

●表1－9　地域別に見た遊びのタイプ

地域 時期		大都市部 冬	秋	農山村部 冬	秋	中間部 冬	秋
人数		432	373	1320	1028	1288	1094
家	①友だちと一緒に	10.9	16.1	12.8	12.5	10.1	10.8
	②一人で	22.5	22.8	32.2	22.6	22.0	18.3
外	③友だちと一緒に	16.0	15.8	11.8	22.9	22.7	24.2
	④一人で	6.7	3.8	6.4	6.9	3.3	4.1
	⑤遊ばなかった	44.0	41.6	36.7	35.1	41.9	42.6
有意差		*n.s.*		*P<0.001*		*n.s.*	

言える。

問題は、遊び方である。それぞれの地域の子どもは、どこで誰と遊んでいるのだろうか。各地域の子どもの遊びの実態を見てみよう。大都市部では、遊びのタイプに関して冬と秋とでの有意差はなかった。大都市部では「遊ばなかった」の回答の次に、冬も秋も「家の中で一人で遊んだ」とする回答が多い。農山村部では、遊びのタイプに冬と秋とで、0・1%水準で有意差があった。すなわち、農山村部も五つのタイプのなかでは「遊ばなかった」と回答した児童がもっとも多いが、「遊んだ」子どものなかでは、冬は「家の中で一人で遊んだ」（32・2%）、秋は「家の外で友だちと一緒に遊んだ」（22・9%）と回答した児童がもっとも多い。秋に、外遊びが増えるというのが農山村部の特徴である。中間部では、有意差はなかった。中間部では、冬も秋も「家の外で友だちと一緒に遊んだ」と回答した児童が2割以上おり、大都市部、農山村部、中間部の三つの区分のなかでは、中間部の児童が季節の変化にかかわらず恒常的に、外で友だちと一緒に遊んでいる様子がうかがわれる。

表1－10は、遊びのタイプが、秋と冬でどのように変化するかを、性別ごとに見たものである。男子児童に関しては、1%水準で有意であった。男子で「遊ばなかった」と回答した児童は全体の3割を占め、この

●表1－10　性別ごとに見た遊びのタイプ

性別		男子		女子	
時期		冬	秋	冬	秋
人数		1528	1275	1512	1189
家	①友だちと一緒に	13.4	12.9	9.4	11.6
	②一人で	28.7	23.9	24.3	17.4
外	③友だちと一緒に	21.9	28.1	12.1	16.1
	④一人で	6.1	5.8	4.2	4.5
	⑤遊ばなかった	30.0	29.3	50.0	50.3
有意差		*P<0.01*		*P<0.001*	

割合は変化していない。大きな変化は「家の中で一人で遊んだ」と、「家の外で友だちと一緒に遊んだ」とした児童の割合の変化にある。冬には28・7％の児童が、「家の中で一人で遊んだ」と回答したのに対して、秋にはこの割合が23・9％に減少した。逆に、冬に「家の外で友だちと一緒に遊んだ」と回答した児童は21・9％であったのに対して、秋には28・1％に増加している。一方、女子について言えば「遊ばなかった」と回答した児童は全体の5割で、その割合は冬も秋もほとんど変化していない。男子に比べると、「遊ばなかった」とする児童の割合が著しく高い。加えて、女子の特徴として、冬には「家の中で一人で遊んだ」とした児童が24・3％であったのに対し、秋にはこの割合が17・4％に減少し、家の中や外で「友だちと一緒に遊んだ」児童の割合が増えていることがあげられる。

表1－11は、勉強時間による冬と秋の遊びのタイプの変化を示している。まず言えることは、勉強時間が多いほど「遊ばなかった」と回答した児童の割合が増える傾向にあることである。勉強時間が三時間以上では、冬は62・3％、秋は49・4％が「遊ばなかった」と回答している。勉強時間別に遊びのタイプの特徴を見ると、勉強時間三十分以下と一～二時間で、冬と秋との間の遊びのタイプに有意差が認められた。ともに

●表1－11　勉強時間別に見た遊びのタイプ

勉強時間 時期		30分以下 冬	 秋	1～2時間 冬	 秋	3時間以上 冬	 秋
人数		1374	1249	1543	1135	114	89
家	①友だちと一緒に	13.5	13.2	10.0	11.7	4.4	7.9
	②一人で	27.4	21.9	26.2	19.6	20.2	18.0
外	③友だちと一緒に	18.7	23.9	16.0	20.7	8.8	18.0
	④一人で	5.5	5.0	4.9	5.3	4.4	6.7
	⑤遊ばなかった	34.9	35.9	42.8	42.7	62.3	49.4
有意差		*P<0.01*		*P<0.001*		*n.s.*	

「家の中で一人で遊んだ」の割合が減少し、「家の外で友だちと一緒に遊んだ」の割合が増えている。勉強時間が三時間以上の児童では、秋と冬の間に有意差はなかった。

2　遊び空間

家の中での生活

表1－8の遊びのタイプからすれば、家の中だけで遊んだとする児童の割合は3割を越える。家の中だけ（35・7％）と遊ばなかった（39・7％）を合わせると、7割以上の児童の放課後の生活の舞台は、家の中ということになる。そこでまず、子どもたちが家の中でどのように過ごしているのかを見てみることにしたい。

表1－12は、冬と秋との家の中での過ごし方を比較したものである。この表からわかることは三つある。一つめは、秋も冬も、家の中でもっともよくすることとして、「テレビを見る」があがっていることである。冬には66・8％、秋には59・8％の児童が「テレビを見る」と回答しており、家の中の他の活動と比べると著しく多い。二つめに、冬も秋も家の中でよくする活動の順位に変化はないということがわかる。家の中でよくすることとして、「テレビを見る」を筆頭に、「マンガや雑誌を読む」「ごろごろしたりのんび

●表1－12　家の中での過ごし方

家の中での過ごし方	冬	秋	有意差
①テレビを見る	2145（66.8）	1605（59.8）	***
②マンガや雑誌を読む	1080（33.7）	863（32.3）	
③ごろごろしたりのんびりする	981（30.6）	736（27.9）	**
④テレビゲームをする	868（27.3）	675（25.3）	*
⑤本を読む	481（15.1）	388（14.7）	
⑥友だちと電話でしゃべる	234　（7.4）	141　（5.3）	***

数値は「よくする」「ときどきする」「あまりしない」「ぜんぜんしない」の4件法で回答を求め,「よくする」と回答した児童の人数と割合を示す

りする」「テレビゲームをする」「本を読む」「友だちと電話でしゃべる」と続く。三つめに、「テレビを見る」「ごろごろしたりのんびりする」「テレビゲームをする」「友だちと電話でしゃべる」という活動が、冬のほうが秋よりも多いということである。これには、季節の影響があると考えられる。

表1－13は、地域特性別に見た家の中での過ごし方の比較である。冬と秋共通して、それぞれの地域に特有の家の中での過ごし方があるようである。大都市部では、家の中では、「ごろごろしたりのんびりする」「本を読む」ことをよくすると回答した児童が他の地域に比べて多い。農山村部では、「テレビを見る」「マンガや雑誌を読む」「テレビゲームをする」、中間部では、「友だちと電話でしゃべる」と回答した児童が他の地域に比べて多くなっている。加えて、冬と秋の家での過ごし方でもっとも変化が少ないのが大都市部の児童であることが有意差検定の結果明らかになった。

表1－14は、性別による家の中での過ごし方の比較である。女子は男子に比べると、「テレビを見る」「マンガや雑誌を読む」「ごろごろしたりのんびりする」「本を読む」「友だちと電話でしゃべる」という活動をよくしている。一方、男子は女子よりも、家の中でテレビゲー

●表1－13　地域特性別に見た家の中での過ごし方の比較

調査時期	冬				秋				大都市部	農山村部	中間部
地域特性／家の中での過ごし方	大都市部	農山村部	中間部	有意差	大都市部	農山村部	中間部	有意差	冬対秋	冬対秋	冬対秋
①テレビを見る	60.1	70.1	65.7	***	51.0	64.8	57.8	***		***	***
②マンガや雑誌を読む	30.9	35.7	32.5	***	31.1	36.4	29.0	***			*
③ごろごろしたりのんびりする	33.0	32.7	27.7	*	33.8	29.5	24.6	***			**
④テレビゲームをする	21.4	30.5	26.0	***	18.0	27.8	25.5	***			*
⑤本を読む	21.1	14.6	13.6	***	21.3	12.8	14.1	***			*
⑥友だちと電話でしゃべる	8.0	6.4	8.2	*	4.9	4.0	6.6	***		***	*

数値は「よくする」と回答した児童の割合を示す

ムをよくしている。

表1－15は、勉強時間別に見た家の中での過ごし方の比較である。冬と秋ともに、勉強時間が三十分以下の児童は、「テレビを見る」「マンガや雑誌を読む」「ごろごろしたりのんびりする」「テレビゲームをする」ことが、勉強時間が長い児童よりも多いことがわかる。勉強時間が三時間以上の児童は、他の児童よりも読書をよくしている。加えて、勉強時間が三時間以上の児童では、冬と秋との家の中での過ごし方に有意差はなかった。

●表1－14　性別による家の中での過ごし方の比較

調査時期	冬			秋			男子	女子
家の中での過ごし方 ＼ 性別	男子	女子	有意差	男子	女子	有意差	冬対秋	冬対秋
①テレビを見る	62.8	70.8	***	59.0	60.6			***
②マンガや雑誌を読む	31.2	36.1	***	31.1	33.3			
③ごろごろしたりのんびりする	28.7	32.6	***	27.6	28.1	**		***
④テレビゲームをする	42.6	11.9	***	39.7	10.6	***		*
⑤本を読む	13.6	16.6	***	13.0	16.3	***		
⑥友だちと電話でしゃべる	3.6	11.2	***	2.2	8.5	***	*	*

数値は「よくする」と回答した児童の割合を示す

●表1－15　勉強時間別に見た家の中での過ごし方の比較

調査時期	冬				秋				0～30分	1～2時間	3時間以上
家の中での過ごし方 ＼ 勉強時間	0～30分以下	1～2時間	3時間以上	有意差	0～30分以下	1～2時間	3時間以上	有意差	冬対秋	冬対秋	冬対秋
①テレビを見る	70.2	66.0	40.8	***	62.2	58.5	38.8	***	***	***	
②マンガや雑誌を読む	36.6	31.0	32.8	***	33.5	31.4	28.6	**	*		
③ごろごろしたりのんびりする	33.9	28.2	22.4	***	30.9	25.1	22.1	***		**	
④テレビゲームをする	32.8	23.6	12.8	***	30.5	20.1	17.7	***			
⑤本を読む	12.1	16.8	27.4	***	11.4	16.4	32.0	***			
⑥友だちと電話でしゃべる	7.0	7.9	6.5		5.2	5.1	6.2			**	

数値は「よくする」と回答した児童の割合を示す

普段遊ぶ場所

表1－16は、普段遊ぶ場所を冬と秋とで比較したものである。冬も秋もともに、7割以上の児童が「友だちの家」を普段遊ぶ場所としてあげ、他の遊び場に比べて圧倒的に多いことがわかる。冬も秋も、子どもが遊ぶ場所の順位はほぼ同じで大きな変化はない。「友だちの家」を筆頭に、「公園」「放課後の学校」「車の来ない道路など」が続く。

表1－17は、冬と秋に分けて、地域特性別に遊び場を比較したものである。この表から、子どもがよく遊ぶ場所としての「友だちの家」は、いずれの地域においても共通であることがわかる。子どもが住んでいる地域に特有の遊び場も存在する。大都市部では「公園」と「児童館や児童センター」が、農山村部では「スーパーやコンビニ」「山・野原・畑・川・池など」が、中間部では「空き地」が、遊び場所として活用している子どもの割合が他の地域に比べて高い。当該地域に固有の子どもの遊び場と考えてよい。

表1－18は、性別による遊び場の比較である。男子、女子ともに、普段遊ぶ場所として「友だちの家」が存在する。加えて、男子は、「公園」「車の来ない道路など」「児童館や児童センター」「空き地」「山・野原・畑・川・池など」で遊ぶことが女子に比べて多く、女子は、「放課後の学校」「スーパーやコンビニ」で遊ぶことが男子よりも多い。この傾向は、冬と秋とも

●表1－16　普段遊ぶ場所

遊び場	冬	秋	有意差
①友だちの家	2459（76.9）	1971（73.8）	**
②公園	1227（38.3）	949（35.6）	*
③放課後の学校	1131（35.3）	778（29.1）	***
④車の来ない道路など	809（25.4）	513（19.3）	***
⑤スーパーやコンビニ	681（21.4）	411（15.4）	***
⑥児童館や児童センター	542（17.1）	432（16.3）	
⑦空き地	499（15.6）	312（11.7）	***
⑧山・野原・畑・川・池など	419（13.3）	287（10.9）	**

数値は「よくある」と「ときどきある」と回答した児童を合わせた人数と割合を示す

●表1－17　地域特性別に見た遊び場の比較

調査時期	冬				秋				大都市部	農山村部	中間部
地域特性／遊び場	大都市部	農山村部	中間部	有意差	大都市部	農山村部	中間部	有意差	冬対秋	冬対秋	冬対秋
①友だちの家	76.9	77.4	76.4		72.8	73.8	74.2			*	
②公園	51.3	28.8	43.5	**	43.7	33.5	34.9	**	*	*	
③放課後の学校	36.1	36.0	34.5		24.4	35.2	25.0	***	***		
④車の来ない道路など	23.4	25.7	25.8		12.4	20.8	20.2	***	***	**	
⑤スーパーやコンビニ	13.3	23.6	21.8	***	15.5	18.5	12.6	***		**	
⑥児童館や児童センター	19.6	18.7	14.6	**	29.9	18.3	9.9	***	***		
⑦空き地	10.1	15.7	17.3	**	6.5	12.0	13.2	**		*	
⑧山・野原・畑・川・池など	4.3	16.8	12.6	***	9.3	14.0	8.6	***	**		

数値は「よくある」と「ときどきある」と回答した児童を合わせた割合を示す

●表1－18　性別による遊び場の比較

調査時期	冬			秋			男子	女子
性別／遊び場	男子	女子	有意差	男子	女子	有意差	冬対秋	冬対秋
①友だちの家	76.7	77.1		74.6	72.7			**
②公園	43.5	33.1	***	37.4	33.7	*	***	
③放課後の学校	31.2	39.5	***	27.5	30.5		*	***
④車の来ない道路など	27.8	23.0	**	21.2	17.1	**	***	***
⑤スーパーやコンビニ	19.5	23.2	*	13.4	17.3	**	***	***
⑥児童館や児童センター	19.7	14.5	***	18.2	14.1	**		
⑦空き地	21.4	9.8	***	15.9	7.0	***	***	**
⑧山・野原・畑・川・池など	18.1	8.5	***	14.6	6.9	***	*	

数値は「よくある」と「ときどきある」と回答した児童を合わせた割合を示す

に共通しており、季節による違いはない。

表1－19は、勉強時間別に見た遊び場の比較である。冬調査では、「スーパーやコンビニ」にしか有意差はなく、勉強時間による遊び場の違いはほとんど見られない。これに対し、秋調査では、勉強時間が少ない児童が、「友だちの家」「放課後の学校」「車の来ない道路など」「スーパーやコンビニ」においてよく遊んでいることが明らかになった。これは、冬よりも秋のほうが、外遊びが増えていることと関連があると思われる。

外遊びの種類

表1－20は、外遊びの種類を示している。冬も秋も、外でよくする遊びは、「友だちとしゃべる」「友だちとスポーツする」「ボールで遊ぶ」「自転車に乗って走る」が5割を越えており、ここまでの順序は変わらない。冬と秋で有意差があった外遊びの種類は、「友だちとしゃべる」「コンビニに行く」「縄跳びやゴム跳びをする」「地面に絵や字をかいて遊ぶ」「虫を見たり草や花で遊ぶ」の五つで、「虫を見たり草や花で遊ぶ」

●表1－19　勉強時間別に見た遊び場の比較

調査時期	冬				秋				0～30分以下	1～2時間	3時間以上
遊ぶ場所 ＼ 勉強時間	0～30分以下	1～2時間	3時間以上	有意差	0～30分以下	1～2時間	3時間以上	有意差	冬対秋	冬対秋	冬対秋
①友だちの家	77.5	76.8	71.3		75.5	73.1	61.5	**		*	
②公園	37.3	38.6	42.7		35.6	36.3	27.4				*
③放課後の学校	34.0	36.9	30.6		30.4	28.8	15.5	**	*	***	**
④車の来ない道路など	26.3	24.9	21.8		21.2	18.1	8.4	**	**	***	**
⑤スーパーやコンビニ	23.9	19.6	15.6	**	17.2	14.4	7.2	*	***	***	
⑥児童館や児童センター	18.2	16.5	13.9		16.0	16.3	21.6				
⑦空き地	17.1	14.6	13.0		12.1	11.8	8.3		***	*	
⑧山・野原・畑・川・池など	14.8	12.2	11.6		11.0	10.7	10.5		**		

数値は「よくある」と「ときどきある」と回答した児童を合わせた割合を示す

以外は冬のほうが「ある」と回答した児童の割合が多かった。

外遊びの種類を、地域特性、性別、勉強時間によって見たところ、次のような結果を得た。まず、地域特性による外遊びの種類の特徴である。農山村部では、冬も秋も、「自転車に乗って走る」「コンビニに行く」「地面に絵や字をかいて遊ぶ」「虫を見たり草や花で遊ぶ」「魚やカエルなどをとって遊ぶ」と回答した児童が、大都市や中間部の児童に比べて多い。中間部では、「友だちとしゃべる」が他の地域に比べて多い傾向にある。

性別で見た時、男子のほうが女子よりよくする外遊びは、「友だちとスポーツする」「ボールで遊ぶ」「空き缶や石で遊ぶ」「魚やカエルなどをとって遊ぶ」である。一方、女子のほうが男子よりよくする外遊びは、「友だちとしゃべる」「ペットと遊ぶ」「縄跳びやゴム跳びをする」「地面に絵や字をかいて遊ぶ」である。男子の外遊びのほうが活動範囲が広く、女子の外遊びは一箇所にいてもできるような遊びである。勉強時間別では、冬も秋も勉強時間が三十分以下の児童は、「コンビニに行く」の割合が高くなっている。勉強時間が三時間

●表1－20　外遊びの種類

遊びの内容	冬	秋	有意差
①友だちとしゃべる	2206（69.2）	1659（62.6）	***
②友だちとスポーツする	1808（56.7）	1565（58.6）	
③ボールで遊ぶ	1649（51.5）	1426（52.7）	
④自転車に乗って走る	1640（51.4）	1352（50.5）	
⑤コンビニに行く	1004（31.3）	612（22.8）	***
⑥鬼ごっこやかくれんぼをする	992（30.9）	808（30.0）	
⑦ペットと遊ぶ	780（24.7）	706（26.7）	
⑧縄跳びやゴム跳びをする	540（16.9）	248（9.2）	***
⑨空き缶や石で遊ぶ	418（13.1）	372（13.9）	
⑩地面に絵や字をかいて遊ぶ	347（10.9）	238（8.9）	*
⑪虫を見たり草や花で遊ぶ	246（7.7）	246（9.2）	*
⑫魚やカエルなどをとって遊ぶ	235（7.5）	221（8.3）	

数値は「よくある」と「ときどきある」と回答した児童を合わせた人数と割合を示す

以上の児童については、冬にする遊びと秋にする遊びの間に有意差はなかった。

3　遊びの仲間

放課後一緒に遊ぶ友だち

さて、最後に遊び環境を構成する要因としての、仲間について見ることにしよう。子どもたちは、放課後、いったい誰と一緒に遊んでいるのだろうか。表1－21は、一緒に遊ぶ友だちを示している。多い順にあげると、「同じクラスの友だち」「同じ学年の違うクラスの友だち」「近所の友だち」「塾や習いごとの友だち」「児童館や児童センターの友だち」となる。児童の8割以上が、遊び相手として、冬と秋ともに、「同じクラスの友だち」をあげている。子どもたちの放課後の生活は、基本的には学校からは切り離されてはいるが、しかし、学校を離れた場においても学校での仲間関係は継続しており、普段の子どもの生活が学校の枠組みに規定されていることがわかる。

表1－22は、地域特性別に見た一緒に遊ぶ友だちの比較である。中間部の児童の4割は、冬も秋も、「近所の友だち」と遊ぶことがあるとしている。加えて、秋に、中間部の児童の6割は、「同じ学年の違うクラスの友だち」と遊ぶことがあるとしている。中間部の児童の遊び仲間は、大都市部、農山村部の児童のそれに比べると、広がりがあることがわかる。

●表1－21　放課後一緒に遊ぶ友だち

一緒に遊ぶ友だち	冬	秋	有意差
①同じクラスの友だち	2732（85.2）	2165（80.4）	***
②同じ学年の違うクラスの友だち	1769（57.4）	1554（58.9）	
③近所の友だち	1123（35.4）	991（37.3）	
④塾や習いごとの友だち	737（23.2）	541（20.5）	*
⑤児童館や児童センターの友だち	129（4.1）	102（3.8）	

数値は「よく遊ぶ」と「ときどき遊ぶ」と回答した児童を合わせた人数と割合を示す

遊びの約束

表1－23は、遊びの約束の有無と仕方を示したものである。学校で遊びの約束をするとした児童は、冬に90・7％、秋に88・2％であった。9割程度の児童が学校で遊びの約束をして帰ることがわかる。一方、電話で約束するとした児童は、冬に51・9％、秋に47・6％であった。5割程度の児童は、家に帰ってから電話で遊ぶ約束をしてから遊ぶという仕方をとっている。冬のほうが秋より、約束をしてから遊ぶとした児童の割合が多いのは、季節による違いといえよう。冬は秋に比べると寒さが厳しいので、遊び相手が確実に確保できる方法をとっていると思われる。

約束をしないで、友だちがいそうなところへ行く（1割未満）、友だちが誘

●表1－22　地域特性別に見た一緒に遊ぶ友だちの比較

調査時期	冬				秋			
地域特性／一緒に遊ぶ友だち	大都市部	農山村部	中間部	有意差	大都市部	農山村部	中間部	有意差
①同じクラスの友だち	88.0	84.8	84.7		81.0	84.2	76.8	***
②同じ学年の違うクラスの友だち	57.6	56.9	57.7		51.7	59.9	60.5	**
③近所の友だち	25.8	34.1	40.1	***	26.0	37.5	40.8	***
④塾や習いごとの友だち	21.7	24.7	22.2		16.7	23.0	19.4	*
⑤児童館や児童センターの友だち	7.4	5.1	1.9	***	5.6	5.4	1.8	***

数値は「よく遊ぶ」と「ときどき遊ぶ」と回答した児童を合わせた割合を示す

●表1－23　遊びの約束の有無と仕方

約束の有無	約束の仕方	冬	秋	有意差
①約束あり	学校で	2906（90.7）	2373（88.2）	**
	電話で	1655（51.9）	1271（47.6）	***
②約束なし	友だちが遊んでいそうなところへ行く	264（8.4）	256（9.7）	
	友だちが誘いに来る	1022（32.1）	853（32.1）	

数値は「いつもそう」と「わりとそう」と回答した児童を合わせた人数と割合を示す

いに来る（約3割）は、冬と秋とで有意差はなかった。

表1－24は、地域特性別に見た遊びの約束の比較である。「約束なしで友だちが遊んでいそうなところへ行く」について、冬も秋も、中間部の児童の1割強がそうすると回答しており、大都市部や農山村部の児童に比べて有意に高くなっている。表1－9、表1－22と合わせて考えた時、中間部の児童が冬と秋を通して、もっとも友だちと一緒に外で遊ぶことが多く、しかも、仲間を求めて離合集散する姿を見て取ることができる。

4 まとめ

子どもの遊び環境を構成する要因として、時間、空間、仲間の三つの側面から子どもの遊びの実態を見てきた。これまでの分析から明らかになった点をまとめておきたい。

第一に、季節（時間）による遊びの特徴についてである。冬も秋もともに、二〇〇四年現在の小学5・6年生の児童のうち、帰宅後遊んだとした児童の割合は6割、遊ばなかったとした児童は4割であった。この数値に冬も秋も大きな変化はなかった。しかし、冬と秋とを比較すると、秋に外で友だちと一緒に遊ぶことが増えていた。これは、とくに農山村部の子どもに顕著であった。冬には、農山村部の子どもは家の中での一人遊びが多

●表1－24　地域特性別に見た遊びの約束の比較

約束の有無	約束の仕方＼地域特性	冬 大都市部	冬 農山村部	冬 中間部	冬 有意差	秋 大都市部	秋 農山村部	秋 中間部	秋 有意差
①約束あり	学校で	93.6	91.1	89.3	*	89.6	90.6	85.7	**
	電話で	24.3	24.4	19.9		17.2	18.4	18.0	
②約束なし	友だちが遊んでいそうなところへ行く	8.2	5.3	11.5	***	7.2	7.7	12.3	***
	友だちが誘いに来る	28.7	31.5	33.9		29.4	30.6	34.3	

数値は「いつもそう」と「わりとそう」と回答した児童を合わせた割合を示す

く、友だちと一緒に外で遊ぶことは少ない。また、男子と女子を比べると、圧倒的に女子に遊ばなかったとする児童が多かった。その割合は、冬秋ともに女子児童の5割を占める。

第二に、空間による遊びの特徴についてである。家の中では、テレビを見るという活動がもっとも多く、冬秋ともに共通して6割程度の児童がテレビを見ると回答していた。普段遊ぶ場所でもっとも多かったのが友だちの家で、冬秋ともに児童の7割以上が友だちの家と回答していた。これに、公園、放課後の学校、車の来ない道路が続く。外遊びの種類では、冬秋ともに、友だちとしゃべる、友だちとスポーツする、ボールで遊ぶ、自転車に乗って走るを、児童の5割以上が外遊びの種類として回答している。

第三に、遊びの仲間についてである。放課後一緒に遊ぶ友だちとしてもっとも多かったのは、同じクラスの友だちで、冬と秋ともに8割以上の児童が遊ぶと回答した。遊び仲間や遊ぶ約束の仕方については、地域差が見られた。中間部の子どもたちに、仲間と群れて一緒に遊ぶ子どもが存在することを確認することができた。一方で、勉強時間が三時間以上の児童や大都市部の児童は、家の中での生活や外遊びが季節の影響を受けることが少なかった。これは、彼らの生活が、遊びとは無関係な勉学中心の生活になっているためだと考えることができる。

「よく学びよく遊ぶ」が理想的な子どもの学びの姿だとすると、今回の調査結果はそれとは大きく乖離していると言えよう。二〇〇四年時点の子どもには、勉強する子は勉強する子、遊ぶ子は遊ぶ子という二極化現象が生じているようである。しかもこれは、子どもが生活する地域と密接にかかわっていた。大都市部の子どもの遊びが、季節の影響を受けることが少ないのは、大都市部の子どものほうが受験圧力が強く、一年を通じてよく勉強しているためだと思われる。農山村部の子どもは、冬には遊ぶ友だちが少なく家の中でテレビを見たり、テレビゲームをして過ごしている子どもの割合が高いことが明らかになった。中間部の子どもは、他地域に比べ、冬秋通じて外遊びが多く、約束なしで離合集散する子どもの姿を読み取ることができた。

注1　昨日遊んだ場所に対する回答で、「家の中と外の両方」と「家の外だけ」をまとめて「家の外」とした。また、昨日遊んだ場所に対して「遊ばなかった」と答えたにもかかわらず、帰宅後友だちと遊んだかに対して「遊んだ」と回答した児童が若干名いたが、この児童は集計するにあたって除外した。

3節　ケータイ文化と友だち

1　IT時代の到来

ケータイ、パソコン、そしてメール。いずれも、現代を象徴するキーワードである。言うまでもなく、携帯電話、パーソナル・コンピュータ、電子メールのことである。まさに、IT時代のシンボルと言ってよい。事実、これらは確実に人々の生活スタイルを変えた。いや、生活スタイルどころか、人間の「姿勢」まで変えてしまった。以前にはなかった「姿勢」や「スタイル」がそこかしこで見られる。

歩きながら、あるいは座って、ケータイでメールを送る姿は、今や自然の風情である。電車の中で、人々がほぼ同じ姿勢でケータイを操作している。しかし、考えてみると異様な光景ともいえる。どうだろうか、少なくともほんの七～八年前にはまったくなかった光景である。

生活スタイルにしても、まったく同様である。たとえば、電車を降りて改札口に向かっている人たちの多くが、ケータイを耳に当てて歩いている。おそらく、駅に着いたことを知らせているに違いない。そういえば、新幹線に乗っていると、停車駅が近づくたびに車内のあちこちからケータイの着信音が聞こえてくる。

そのどれを見ても、ごくごく最近の状況である。それだけ、今やケータイが普及したというより、むしろあたり前の、なくてはならぬ必需品になったことを物語っている。そして、あえて指摘するまでもなく、この背景にはケータイのもつ多様な機能がある。

ケータイは、たんなる電話機ではない。これがあれば、さまざまなことができる。私たちの身近で必要なものは、ケータイ一台でかなり充足できる。時計も、電卓も、手帳も、メモ帳も、辞書も、そして最近ではカメラやテレビにもなる。こんなに便利なものはない。逆に言えば、これがなければかなり不便ということになる。

そのうえ、これをより便利にしているものがインターネットである。これについては、パソコンの便利さとも共通しているが、よりいっそういろいろなことができる。言うまでもなく、これによって外の世界に「開かれた」状態になり、外の世界の情報をすぐ知ることができる。これまで新聞やテレビ・ラジオが果たしていた役割である。

いやいや、インターネットの便利さはこんなものではない。私たちの生活に必要なさまざまな情報を瞬時に検索できるだけではなく、買い物やチケットの予約まで簡単にできる。それが、手のひらに入るほどの小さなケータイ一台で、居ながらにしてすべて可能なのである。今や、ほとんどの人たちにとって、ケータイは生活に欠くことのできない最大の必需品といっても過言ではない。

ところが、「子どもたちにとって」ということになると、たんに便利とも言っていられない。便利さゆえに、かえって複雑である。しかも、子どもたちの場合は、ケータイ、パソコン、メールを同列に扱うわけにはいかない。

パソコンについては、情報処理教育が重視されているといった背景もあり、学校でも積極的に取り組まれている。しかし、ケータイになると、インターネットの便利さが、むしろ学校現場では「困ったもの」になる。インターネットには、さまざまなサイトがある。なかには、はなはだ「困ったもの」もある。高校は言うまでもなく、もはや一部の中学校でも、ケータイが生徒指導における「新たな」課題であるという。便利さと裏腹な皮肉な現実である。事実、最近の少年事件のなかには、インターネットやメールに関連したものもいくつか見られる。

小学校においては、まだそれほど問題にはなっていない。しかし、「メールによる悪口」が大きな事件のきっかけになった事例もあり、必ずしも楽観できるような状態ではない。しかも、小学生の生活のなかにもそろそろケータイやメールが確固たる地位を築きそうな兆候も見られるようになってきた。

ケータイ、パソコン、メールといったものは、小学生の間で、今どんな状況になっているのか。そうしたメディア環境は、小学生に対してどんな影響をもたらしているのか。そして、今後それにどう対応していけばいいのか。こうしたことについて、考えていくことにしたい。

2　ケータイと子どもたち

これほど普及しているケータイも、小学生の子どもたちの保有はまだまだ少ない。自分専用のケータイを持っているという小学生（5・6年生）は14・6％にとどまっている。小学生には必要がないと言ってしまえばそれまでだが、今のケータイの普及ぶりからすると、少し意外な印象がないわけではない。

もう少し詳しく見てみると、ケータイを持っている割合は5年生が13・6％、6年生は15・4％である。また、男子の9・6％に対して、女子は19・8％である。地域別で見ると、大都市部が26・6％、農山村部10・2％、中間部は14・6％といった割合である。5・6年生の間に差異はないが、男子より女子のほうが、そして都市部ほどケータイを持っている割合が高い。この結果を見ると、「防犯」のためにケータイを持たせているようにも思えるが、必ずしもそれだけではなさそうである。

そのことを含めて、ケータイを持っている子どもたちがどんなことに使っているのか見ておくことにしたい。家の人との間で使うという割合が90・0％、友だちとの間で使うということが57・7％といった具合である。そして、メールについて見てみると、毎日が26・2％、時どき45・5％、しないという割合は28・3％である。

やはり、家の人との間という割合が圧倒的多数を占めている。そして、友だちとの間が全体の6割、メールをするという子どもたちが7割ほどを占めている。ケータイを持っている以上、友だちに電話やメールをするということは当然ともいえるが、こうした割合を見るかぎり子どもたちがケータイを使っているのは、おもに家の人との連絡が中心ということになる。

その意味では、家の人との間では使っていないという1割の子どもたちは、友だちとの連絡だけにケータイを使っているのだろうか。それを承知で、この子どもたちの保護者はケータイを買い与えたのだろうか。そんな時代なのかもしれないが、少し不思議な気もする。

これについてはともかく、子どもたちのケータイ使用の特徴を、データからもう少し詳しく見ておきたい。まず、家の人との間で使うということについて見てみよう。5年生のこの割合は85・1％、6年生は93・5％である。男子の80・6％に対して、女子は95・0％である。地域別では、大都市部が96・0％、農山村部88・5％、中間部が87・4％といった割合である。

いずれも高い割合をみせているが、女子や大都市部のほうがより高いということからすれば、居場所の確認、帰宅時間の確認といった、先ほどの「防犯」意識があるともいえる。むろん、この背景に学習塾通いといった現実があることは、容易に想像できる。

次に、友だちとの間で使うということについて見てみよう。これは図1－1に結果を示しておいたが、5年生が45・7％、6年生は65・6％、男子は46・1％、女子が64・3％、また大都市部が55・2％、農山村部63・3％、中間部は55・8％である。

5年生より6年生のほうが、そして男子より女子のほうが、明らかに割合が高い。このことは、学年が上がるにつれて、友人関係におけるケータイの重要性が増していることを物語り、その傾向は、男子より女子により顕著なことを示している。また、他の地域に比べて、農山村部の割合が少し高い。

おそらく、これは校区の広さと関係があるものと考えられる。

　こうした結果からすると、先ほど述べたように、ケータイを持つことは必ずしも「防犯」のためだけではない。むろん、自分専用のケータイを持っている子どもたちだけに限定されるが、学年が上がるにつれて、そして女子ほど、また校区が広い地域ほど、ケータイが友人関係のなかで重要な位置を占めている。

　これについては、メールに関しても、まったく同様である。図1－2に示したように、学年が上がるにつれて、メールをするという割合が高くなっている。そして、男子に比べて、女子のこの割合はかなり高い。さらに、地域で見ると、ここでもや

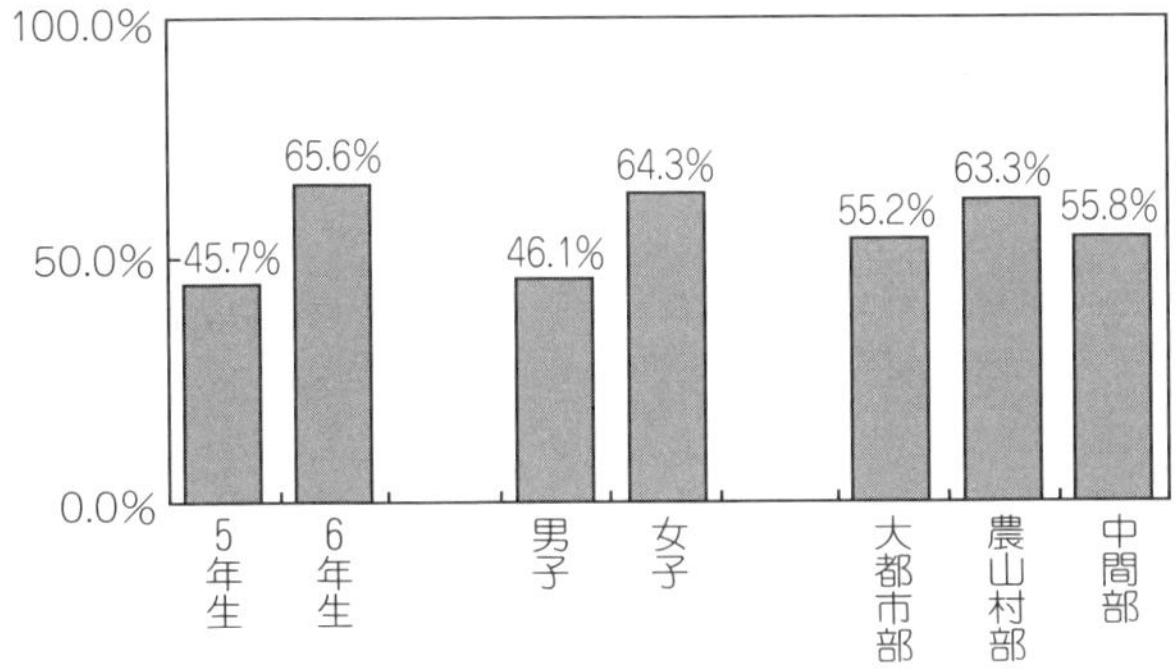

●図1－1　友だちとの間でケータイを使っている子ども（学年・男女・地域）

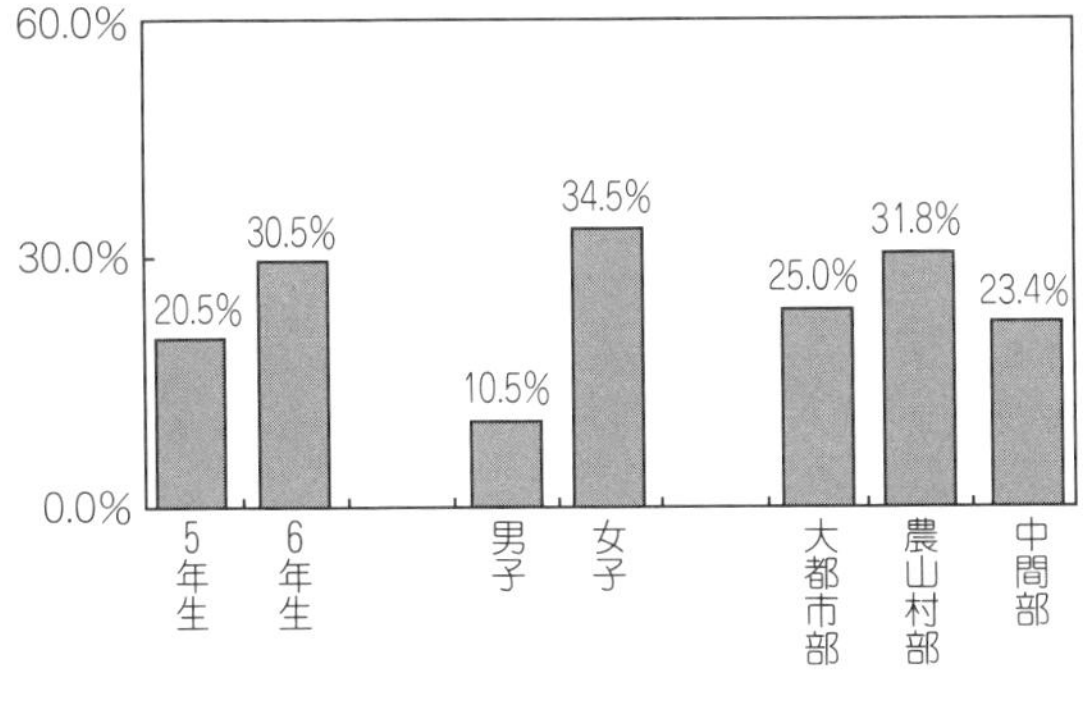

●図1－2　メールを毎日している子ども（学年・男女・地域）

はり農山村部の割合が高くなっている。

この割合をもう少し詳しく紹介しておくと、5年生の子どもたちは、メールを毎日する20・5%、時どきする42・3%なのに対して、6年生になると毎日30・5%、時どき47・3%といったように、かなり割合が上昇している。また、男子は毎日10・5%、時どき48・4%といった割合であるのに対して、女子は毎日34・5%、時どき44・2%という割合になる。さらに、地域で見ると、農山村部は毎日31・8%、時どき42・1%といった割合であるのに対して、大都市部は順に25・0%、50・0%、中間部でも23・4%と45・0%である。

いずれにせよ、小学生においても、ケータイが友人関係のなかで重要な位置を占めはじめている兆候はうかがえる。しかも、こうした状況が今後さらに進行していくことは十分に予想できる。そうなれば、友人関係に占めるケータイの重要性は加速的に増加していくであろう。

より率直に言えば、ケータイを持っていなければ、友人関係を保てないといった事態も生じてくる。今はまだ、ケータイを持っている子どもの数は少ない。しかし、これが増えはじめると、あっというまに、限りなく100%に近い数値になるかもしれない。その時、子どもたちの友人関係を形成する中枢部分にケータイが位置づくことになる。

3 パソコンの普及

ケータイほど急速ではないが、パソコンの普及もめざましい。もともとパソコンは、家庭用品ではない。どちらかといえば、業務用のものである。それが、いつのまにか家庭のなかにも入り込んできた。家にパソコンがあるという小学生（5・6年生）は79・0％を占めている。5・6年生の子どもがいる家庭であれば、おそらく親もまだ若い世代であり、パソコンを使うことにあまり抵抗感はないはずである。

そのことを考慮してこの割合を見た時、これを多いと考えるか、まだまだ少ないと考えるか、いろいろ意見があるに違いない。8割にも達していると見るのか、それともこれほどパソコンの便利さが強調されているにもかかわらず、まだ8割程度と見るのか、である。

ただ、いずれにせよ、パソコンが家庭用品の一つとして重要な地位を確立していることだけは確かである。こうなった背景には、おそらくインターネットの普及という事実がある。従来、家庭で使われるパソコンは、ワープロ機能を中心にしたものであった。これ以外になると、収支決算、統計処理、イラスト作成などといった機能をごく一部の人が使うといった程度であった。いずれも、市販されているソフトを購入して、その機能だけを限定的に使うといったスタイルである。いわば、「閉じられた」情報処理であった。したがって、パソコン好きの人か、あるいはある一定の明確な目的をもって使う人だけに、その使用はかなり限定されていた。もし今でもこの状態にとどまっているのであれば、こんなにパソコンが一般化することはなかった。

これを、まったく変えたのがインターネットである。電子メールをはじめ、ネットショッピング、ネット予約、など。これによって、それまでの「閉じられた」情報処理から、外の世界に「開かれた」情報処理が可能になった。今や、インターネットを使えば、たいていの情報は手に入る。こうした事情を考えれば、パソコンが家庭のなかに入り込んできた背景や、家庭用品の一つとして重要な地位を確立している理由がよくわかる。

では、家にパソコンがあるという子どもたちは、いったいどの程度それを使っているのだろうか。学校教育のなかで、パソコンを中心とした情報処理教育が実施されるようになって、すでにかなりの時間がたつ。いわば、コンピュータ・リテラシー、コンピュータ・マインドの育成である。それに加えて、情報処理教育は、最近の「総合的な学習の時間」の柱の一つでもある。今や子どもたちは「パソコンを学ぶ」というより、「パソコンで学ぶ」といった感覚である。家にパソコンがあれば、十分に使いこなせるはずである。そこで、家でパソコンを使っているという割合を見てみることにしたい。

毎日のように使う12・2％、週に何回か使う26・4％、たまに使う52・1％、そして使わないという割合が9・4％である。比較的よく使っているという子どもたちが4割、たまに使っているという子どもたちが5割ほどである。そして、この割合に関しては、ケータイで見られたような学年、男女、地域による差異はまったくない。

ここで、子どもたちは、パソコンをどんなことに使っているのか見ておきたい。図1－3に示したように、「ゲームをしている」という割合が85・2％を数えており、もっとも高い。これに続いて、

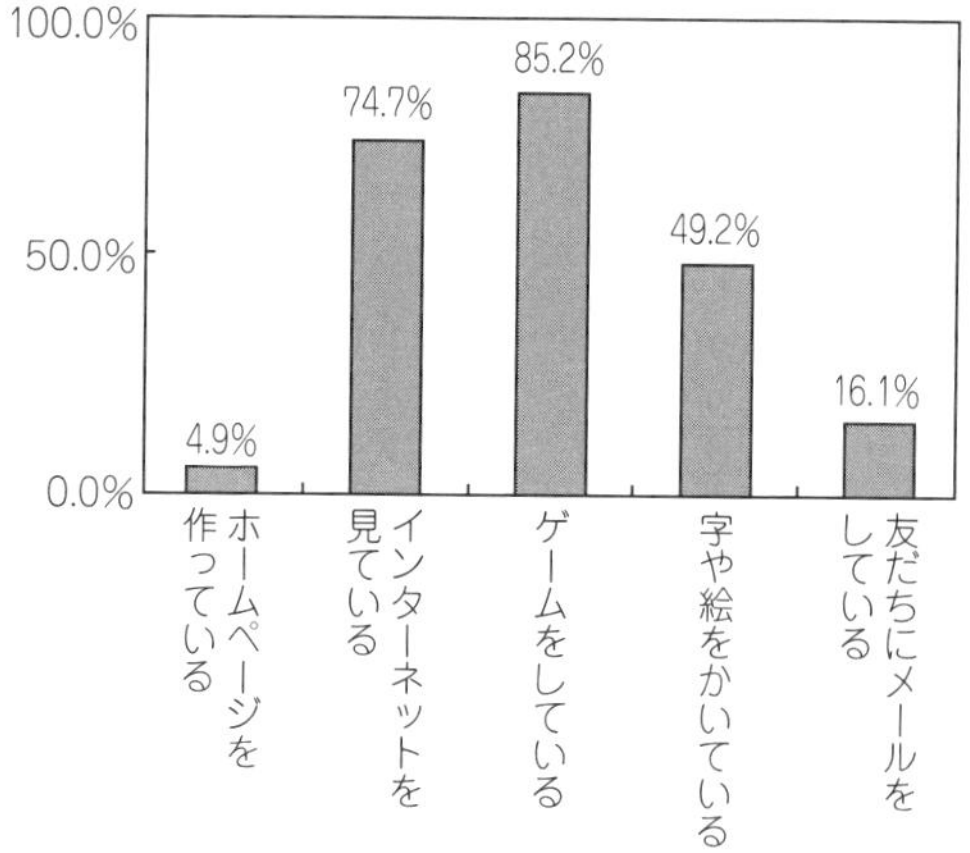

●図1－3　どんなことにパソコンを使っているのか（全体）

「インターネットを見ている」もかなり高い割合を示しており74・7%である。そして、「字や絵をかいている」が49・2%、「友だちにメールをしている」が16・1%、さらに「ホームページを作っている」が4・9%といった割合をそれぞれ占めている。

正直なところ、「やはり、ゲームか」という印象はぬぐえない。その一方で、インターネットにアクセスしている割合が、かなり高いことに驚かされる。家でパソコンを使っている子どもたちの7割以上を占めており、ほぼ大半はインターネットを見ているということになる。すでに述べたように、インターネットは外の世界に「開かれた」ものである。率直に言って、外の世界には、子どもの目にはふれさせたくないもの、子どもに知らせたくないものもたくさんある。なかには、「あぶない」情報もある。ところが、子どもであっても、パソコンを使えばなんでも知ることができる。事実、最近では子どもたちに対するインターネットによる悪影響といったものが、いくつか指摘されている。

なお、パソコンをどんなことに使っているのかということに関して、学年、男女、地域による差異は、ごく一部を除いてほとんど認められない。その一部というのが、図1－4に示した結果である。「字や絵をかいている」「友だちにメールをしている」という二つについては、男子と女子との間にかなりの差がある。「字や絵をかいている」ということでは、男子の37・4%に対して、女

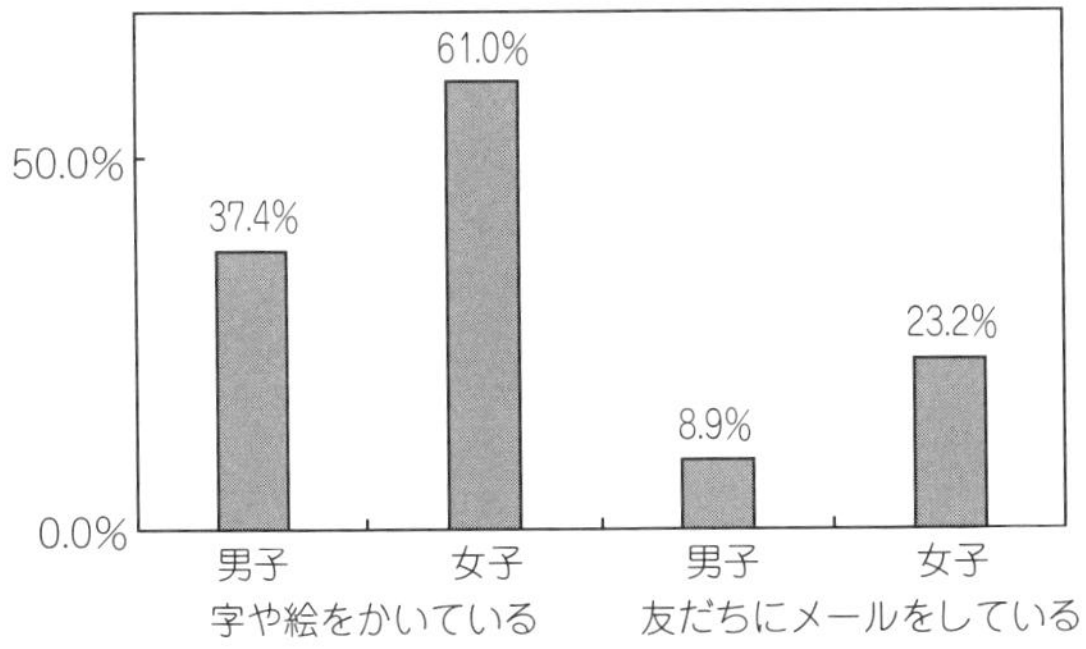

●図1－4　どんなことにパソコンを使っているのか（男女）

子は61・0%に達している。また、メールについても、男子が8・9%にとどまっているの対して、女子は23・2%を数えている。とくに、メールについては、すでに見たケータイにおいても、ほぼ似たようなパターンを示している。

友だちとの間でケータイを使う、ケータイでメールをするといったことはいずれも、男子より女子のほうが高い割合を示していた。全体的に見るかぎり、メールをしているという子どもたちの数はそれほど多くはない。しかし、小学生でも、女子を中心にして友人関係におけるメールの重要性が増えつつある兆しがうかがえる。

4 メールという通信手段

そこで、メールについてふれておくことにしたい。考えてみると、メールというのはおもしろい通信手段である。手紙のように見えて、あまり手紙という感覚はない。思いついて文章を書いてすぐ送る。そして、基本的には瞬時に届く。その速さは手紙の比ではない。しかも、手紙ほど仰々しい感覚はない。そのせいか、メールではあまり時候のあいさつを見かけない。用件だけの文章が多い。むろん、メールは電話でもない。けっして、会話でもない。あくまでも、文章が中心であり、時には絵や写真を送ることもある。文章や絵をかいて、そのまま送るということではファックスに類似した要素もある。しかし、感覚的にはまったく異なるものである。

それにしても、メールはあっというまに広まった。何かあれば、すぐメールを送る。実際に、私たちの会話のなかでも、「メールで送るね」「メールを送るよ」といった言葉が日常的に聞かれるようになった。その意味では、これまでの電話をかける、手紙を書くといったことより、はるかに日常的な通信手段としての地位を確立した。

ただ、小学生の子どもたちに関する限り、それほどメールが普及しているわけではない。確かに、ケータイを持っている子どもたちのうち、ほぼ7割がメールをしているという結果もある。しかし、自分専用のケータイを持っている子どもの数はあまりに少ない。また、家のパソコンを使っている子どもたちのうち、メールをしているのはいまだ2割に満たない程度である。

とはいえ、これからケータイを持つ子どもの数が増えれば、こうした状況が激変することは十分に予想できる。今のように、ケータイを持っている子どもの数が少ない状態でも、7割の子どもたちがメールをしている。そのことを考えれば、子どもたちの人間関係のなかにメールが確固たる地位を築くのも時間の問題と言ってよい。

とくに、女子の場合は、これまで見てきたように、すでに今でもメールに依存しつつある状態がうかがえる。そして、こうした傾向は、次の結果からもわかる。ケータイであれ、パソコンであれ、メールをしている子どもたちのうち、友だちと直接に話すよりもメールのほうがなんでも話せると思っている割合は48・0％である。これを男女それぞれについて見てみると、男子は34・7％であるのに対して、女子は52・5％を数えている。

この結果を見ても、友人関係にメールが重要な役割を果たす可能性の大きいことを示唆している。そして、この傾向は女子のほうにより強いことも明らかである。なお、これ以外では、知らない人と話すのがおもしろいという割合が13・0％（男子16・0％、女子12・1％）、クラスや学校以外に友だちが増えた34・3％（男子30・3％、女子36・0％）といったような結果も出ている。このうち、クラスや学校以外に友だちが増えたという割合が3割を超えていることに関しては、メールがたんに今の友人関係において重要というだけではなく、新しい友人をつくるうえでも重要ということを意味している。いわば、「メル友」である。この事実を見ると、小学生の間にも、確実にメールによるネットワークの形成が進行していると言ってよい。

5　ケータイ、メールと友人関係

すでに再三にわたって述べているように、今のところ自分専用のケータイを持っている子どもの数はごくわずかである。しかし、ケータイを持っている子どもたちは、たんに家の人との連絡に使うというだけではなく、友だちとの間でもかなり積極的に使っている。なかでも、とくにメールをしているという子どもたちである。ケータイを持っている子どものうち、7割がメールをしている。したがって、ケータイを持つということは、ほぼメールをするということと同じ意味である。そして、この傾向は男子より女子のほうに、5年生より6年生のほうに著しい。

そして、ケータイやメールが、子どもたちの友人関係のなかで重要な位置を占めはじめていることも指摘した。こうした状況をより詳しく把握するために、次の二つのことについて子どもたちの様子を見てみることにした。一つは、ケータイに、家の人以外の電話番号が何人くらい入っているのか。また、もう一つは、メールアドレスを知っている友だちが何人くらいいるのか。

まず、ケータイに、家の人以外の電話番号が何人くらい入っているのかということでは、五人以内37・9％、十人以内28・5％、十五人以内9・0％、二十人以内10・0％、そして二十一人以上が14・6％を数えている。メールアドレスを知っている友だちの人数になると、五人以内が69・3％、十人以内19・7％、十五人以内4・1％、二十人以内4・3％、そして二十一人以上が2・7％である。メールアドレスの人数より、電話番号の人数のほうが少し多いようである。また、学年や男女による差異については、6年生のほうが、そして女子のほうが、いずれも人数が多い。学年や男女によるこの傾向は、これまで見てきたパターンからすれば当然ともいえる。

ところで、この結果をどう考えればよいのか。とくに、ケータイに入れている電話番号の数である。大人の感覚からすれば、あまり多くないともいえる。しかし、それでも10件を超えている子どもたちが3割以上いる。5件以上ということになれば、ケータイを持っている子どもの6割にも達している。

このことから考えると、ケータイを持っている子どもたちは、友だちとの間でこれをかなり有効利用している様子がうかがえる。あえて指摘するまでもなく、電話をかけないのに番号を入れておく必要はない。ごく常識的に考えて、電話をかけるから、番号を入れている。

したがって、少なくとも自分専用のケータイを持っている子どもたちの多くは、友だちとの連絡にこれを利用していると考えてよい。そして、さらに言えば、これは推測の域を出るものではないが、ケータイを持っている子どもたちのなかで、すでにネットワークが形成されている可能性も少なくない。仮に、そうしたネットワークが形成されているにせよ、今のようにケータイを持っている子どもの数が少ない状態であればそれほど問題はない。しかし、ケータイを持っている子どもの数が増えた時、持っていないことがとても不便になる。友人関係のネットワークから取り残されてしまうといったことも生じる。それを避けるためには、自分専用のケータイを持つしかない。そうした子どもたちが増えれば増えるほど、友人関係におけるケータイの重要性が増してくる。そうなれば、さらにケータイを持つ子どもが増える。まさに、相乗効果である。したがって、すでに指摘したようにケータイを持つ子ども、そしてケータイの重要性が加速的に増加する。

小学生の間にケータイが普及するのも、それほど遠いことのようにも思えない。とくに、保護者にとってはケータイは子どもを管理することに使える。それだけでも、子どもにケータイを持たせるメリットは少なくない。しかし、その反面で、ケータイを持てば「あぶない情報」に接する機会が飛躍的に増えることも事実である。ただ、率直に言って、今の時代それもやむをえない。かつてのように、もはや情報をコントロールすることができる時代ではない。社会全体が、以前には想像もできなかったくらい「開かれた」ものになっている。しかも、こうした情報は、インターネットからだけのものではない。この部分だけ統制したとしても、他にいくらでも接する手段がある。

これまで、子どもたちに対して、とくに学校は「なんでも禁止」「なんでもダメ」といった傾向が強かった。しかし、他のものはともかく、こうしたメディアを禁止すること自体に無理がある。しかも、パソコンについては、学校で積極的に教えているものである。

そうした現実に立つなら、一歩も二歩も踏み出した形で、これに対応していく必要がある。けっして、禁止するのではない。メディアとのつきあい方を教え、つきあい方を学ばせる。これも、情報処理教育である。パソコンが使えるようになるだけが、情報処理教育ではない。「さまざまなメディアによる多様な情報に対して、それにきちんと対応できる」といった、現実を踏まえた情報処理教育が、今後とくに求められる。

4節　子どもの幸福感
——心理的にも身体的にも疲れている子どもたち

これまでの節では、放課後の子どもの生活のなかで、遊びが不足し、勉強やおけいこごとに追われる日常を見てきた。五十年前、百年前に子どもを苦しめていたさまざまな欠乏に代わって、今は新しい欠乏（幸福感や明日への希望の欠乏）が生まれているととらえることができる。

ウェルビーイング（well-being）という言葉を福祉関係者はよく使う。この語は一九四六年にWHOによる健康の定義に端を発する。「健康とは、身体的、精神的、社会的に『良好な状態（ウェルビーイング）』であり、単に疾病に罹患しておらず、衰弱していない状態ということではない」。このなかにある精神的ウェルビーイングとは、言葉を換えれば「幸福感」を抱いて生活していること、すなわち主観的にも「良い状態」で生活していることを指す。本節では子どもの放課後が、どれほど幸福感や充実感で満たされ、心身ともに良い状態であるかを見ていく。

これらを、子どもが、①一日の締めくくりとして、その日の夜に眠る時、一日を「楽しかった」とふり返ることができる状態にあるか、②明日も今日と同じような「いい時間が待っている」と信じることができるか、③心身ともに積極的な活動への意欲を実感できる状態でいるかどうか、を用いて見ていく。なおここで使用するデータは、すべて本学会の秋調査の際に、新たに追加された項目のデータである（多い・少ないの記述はすべて統計的に有意な結果を意味している）。

1　一日をふり返って

北から南まで全国さまざまな地域に住む子どもたちの毎日は、現在も多様な体験のなかで展開されていることであろう。そして一日を終えて眠りにつく時、子どもたちはどんな感情をもってその日をふり返るのだろうか。

まず表1－25は一日の終わりの感慨を尋ねた六つの項目を「いつもそう思う・わりとそう思う・時どきそう思う・あまりそう思わない・全然そう思わない」の五件法で聞いて、「いつもそう思う・わりとそう思う」の小計の数字の大小順に並べてある。

注目したいのは「楽しい一日だった」とする幸福感の数字だが、これは四番目にしか位置しない。初めに出てくるのは項目1の「疲れた」、項目2の「明日学校が休みだったらいいのに」という疲労感である。

「疲れた」と「いつも・わりとそう思う」は63・8％で、3分の2近い子どもが一日の終わりに疲れたと思って眠る。これは体の疲労感よりも、心の疲労感を表現する数字かもしれない。欲求を尋ねた付表1から「もっと長く眠りたい」とした子どもの数字をあげたが、「よく思う」45・7％、「時どき思う」24・4％と、合わせて70・1％の子どもがもっと眠りたいと答えている。体か心かは別として、疲れている子どもたちの後ろ姿が見えるようである。

さらに、項目2の「明日学校が休みだったらいいのに」への高い肯定率がある。「いつも・わりと」

●表1－25 一日の終わりの感慨

(%)

		全体	男子	女子
1 疲れた	いつもそう思う	37.4	37.6	37.0
	わりとそう思う	26.4	25.9	26.9
	(小計)	(63.8	63.5	63.9)
	時どきそう思う	20.6	19.9	21.6
	あまりそう思わない	9.6	9.4	9.6
	全然そう思わない	6.0	7.0	5.0
2 明日学校が休みだったらいいのに	いつもそう思う	42.7	50.3	34.8
	わりとそう思う	19.9	17.7	22.1
	(小計)	(62.6	68.0	56.9)
	時どきそう思う	18.1	15.8	20.6
	あまりそう思わない	10.9	8.6	13.4
	全然そう思わない	8.3	7.6	9.0
3 楽しい一日だった	いつもそう思う	19.1	20.6	17.7
	わりとそう思う	35.0	33.5	36.4
	(小計)	(54.1	54.1	54.1)
	時どきそう思う	28.2	27.0	29.5
	あまりそう思わない	11.8	11.9	11.7
	全然そう思わない	6.0	7.0	4.8
4 たくさん遊んだ	いつもそう思う	23.1	29.0	16.9
	わりとそう思う	23.2	24.5	21.1
	(小計)	(46.3	53.5	38.0)
	時どきそう思う	23.5	22.2	25.1
	あまりそう思わない	17.9	19.5	22.6
	全然そう思わない	12.3	10.4	14.4
5 明日もきっといいことがある	いつもそう思う	14.3	13.9	14.7
	わりとそう思う	14.8	14.0	15.5
	(小計)	(29.1	27.9	30.2)
	時どきそう思う	20.4	20.4	20.4
	あまりそう思わない	26.6	24.8	28.5
	全然そう思わない	23.9	26.9	20.9
6 勉強を頑張った	いつもそう思う	8.4	6.9	7.9
	わりとそう思う	16.5	16.1	17.1
	(小計)	(24.9	23.0	25.0)
	時どきそう思う	27.7	26.1	29.1
	あまりそう思わない	29.7	27.7	32.2
	全然そう思わない	17.8	21.3	13.7

付表1 もっと長く眠りたい

	全体	男子	女子
よく思う	45.7	47.2	44.2
時どき思う	24.4	27.3	21.5
(小計)	(70.1	74.5	65.7)
あまりそう思わない	17.6	17.9	17.6
全然そう思わない	13.7	10.6	12.2

付表2 もっと長時間遊びたい

	全体	男子	女子
よく思う	56.8	60.8	52.5
時どき思う	28.4	26.0	31.0
(小計	85.2	86.8	83.5
あまりそう思わない	9.9	9.1	10.8
全然そう思わない	4.9	4.1	5.6

付表3 もっと勉強ができる子になりたい

	全体	男子	女子
よく思う	38.4	34.2	42.5
時どき思う	29.7	27.3	32.5
(小計)	(68.1	61.5	75.0)
あまりそう思わない	20.1	23.0	17.2
全然そう思わない	11.8	15.5	7.6

を合わせると62・6%で、6割を超える子どもが「明日学校が休みだったらいいのに」と思って眠るということは、ここでも同様に心の疲労感を示しているのではないだろうか。しかもなぜか、女子より男子がそう感じていて、「いつもそう思う」の数字だけをとって見ても、男子50・3%、女子は34・8%と大差がある。

以降は、ポジティブな感情を尋ねる項目が並ぶ。項目3「楽しい一日だった」が54・1%、項目4「たくさん遊んだ」が46・3%、そして項目5「明日もきっといいことがある」の29・1%と続く。

一日の終わりに「楽しい一日だった」と54・1%の子どもが思うものの、しかし「いつもそう思う」はわずか19・1%でしかない。その理由の一つは遊びの不足だろうか。「たくさん遊んだ」とする子どもは合わせて46・3%と半数に満たない。それに関連して、欲求を見た付表2の「もっと長時間遊びたい」には、「よく思う」が56・8%、「時どき思う」を合わせると85・2%の子どもがもっと長く遊びたいと思っている。では遊びが不足しているのは、勉強で頑張っているためだろうか。項目6「勉強を頑張った」と思う子どもは、合わせて24・9%しかいない。いったい子どもは何をしているのだろうか。

しかし「もっと勉強ができる子になりたい」かどうかを聞けば、付表3にあるように、68・1%もの子どもがそうなりたいと思っている。勉強に価値はおいているが、なぜか勉強を頑張っていない子どもたちの姿がある。

最後に残るのは、一番気がかりな数字である。項目5に戻って「明日もきっといいことがある」と思えるかを見ると、合わせて29・1%しか明日に希望をもっていない。逆に「あまりそう思わない・

全然そう思わない」子どもは合わせて50・5%と、はるかに多い。疲れていて、明日学校が休みだったらいいと思い、明日もきっといいことがあるとは思えない子どもたち……。現代の子どもたちのウェルビーイングはこれで保証されていると言えるのだろうか。

2　体調の悪さ

前項に続いて、子どものウェルビーイングのかげりを示す数字は、表1－26にあげた身体的不調感のなかにも見ることができる。

「疲れやすい」「夜なかなか眠れない」「朝おなかが空いていない」「体がだるい」「イライラする」の五項目は、いわゆる大人の不定愁訴にあたる症状で、この表には大人から見て、子どもの姿としてはまさかと思う数字が並んでいる。これも同様に「いつもそう・わりとそう」の小計の大小順に並べてあるが、「疲れやすい」が合わせて49・0%、「夜なかなか眠れない」35・5%、「朝おなかが空いていない」32・5%、「体がだるい」32・4%、「イライラする」28・0%と、予想以上に体の不調を訴える子どもがいる。この数字の背後には、夜更かし、運動不足、遊びの不足、塾通いなど、生活リズムの乱れがあると考えられるが、他方でこれらの不定愁訴は子どもの関心のもち方をも示している。すなわち、関心が外の世界に向かっているか、自分のなかに向かっているかである。むろん子どもの正常な姿は、自分の外に起こっている多様なできごとに関心を抱く、外向的で積極的な姿であろう。しかしこの結果から、子どもが自分の内部に関心を向けている様子が見える。子どもたちは「良い状態」にあるとは言えないであろう。

●表1－26　身体的不調感

(%)

		全体	男子	女子
1 疲れやすい	いつもそう	21.9	20.9	22.9
	わりとそう	27.1	24.3	29.9
	(小計)	(49.0	45.2	52.8)
	たまにそう	31.2	31.5	31.0
	全然そうでない	19.8	23.4	16.3
2 夜なかなか眠れない	いつもそう	17.9	17.8	17.7
	わりとそう	17.6	15.4	19.8
	(小計)	(35.5	32.2	37.5)
	たまにそう	24.6	24.0	25.2
	全然そうでない	40.0	42.8	37.3
3 朝おなかが空いていない	いつもそう	16.3	16.0	16.6
	わりとそう	16.2	14.6	18.0
	(小計)	(32.5	30.6	34.6)
	たまにそう	25.1	23.5	26.8
	全然そうでない	42.4	46.0	38.6
4 体がだるい	いつもそう	15.2	14.9	15.5
	わりとそう	17.2	16.0	18.7
	(小計)	(32.4	30.9	34.2)
	たまにそう	35.0	33.2	36.5
	全然そうでない	32.6	36.0	29.4
5 イライラする	いつもそう	13.7	13.6	13.6
	わりとそう	14.3	12.5	16.1
	(小計)	(28.0	26.1	29.7)
	たまにそう	32.1	30.5	34.0
	全然そうでない	39.8	43.4	36.3

とりわけ、女子がどの項目でも不調を訴えている。第二次性徴の発現からくる思春期の身体的不安定さの側面と、同時にこの時期の女子の多感さや精神的不安定さが、身体症状に現われた結果でもあろう。

しかし、思春期が心身の不安定さを特徴とする時期だとしても、子どもらしい生活リズムと十分な自己発揮ができる環境にあれば、これほどの身体症状は現われないのではないだろうか。昔の調査データがないので比較はできないが、こうした身体症状の数字は私たちの子ども時代の実感とはかけ離れている。

3　低い自己評価

人の幸福感を規定する要因のなかで、もっとも重要なのは自己評価であろう。自分への肯定的感情は、セルフ・エスティーム（自己価値観）と名づけられており、人の適応の度合いと人生の質（クオリティー・オブ・ライフ）を表わす重要な指標とされる。

ここでは表1－27に示したように、自己評価のなかで「友だちが多い」「スポーツが得意」「勉強が得意」「頑張る」「心が優しい」の五項目を使用した。

このなかで「友だちが多い」「スポーツが得意」「勉強が得意」の三項目は、外からわかりやすい価値である。また「友だちが多い」「スポーツが得意」は、現代の子どもたちの社会にある二大価値であろう。また大人たちは「勉強が得意」を重要な価値と考える。運動が苦手で、孤立した（しばしば勉強ができる）子がいじめのターゲットにされやすいのは、こうした価値をもたない仲間に対する侮

●表1－27　自己像

(%)

		全体	男子	女子
1 友だちが多い子	とてもそう	23.2	26.1	19.9
	わりとそう	36.0	35.8	36.6
	(小計)	(59.2	61.9	56.5)
	少しそう	29.3	26.9	31.7
	全然そうでない	11.4	11.2	11.6
2 スポーツが得意な子	とてもそう	17.8	23.7	16.6
	わりとそう	24.8	27.3	18.0
	(小計)	(42.6	51.0	34.6)
	少しそう	30.5	27.5	26.8
	全然そうでない	26.9	21.5	38.6
3 勉強が得意な子	とてもそう	5.8	7.4	3.9
	わりとそう	15.8	18.5	13.2
	(小計)	(21.6	25.9	17.1)
	少しそう	37.3	37.0	37.7
	全然そうでない	41.2	37.2	45.2
4 頑張る子	とてもそう	13.4	15.0	11.5
	わりとそう	30.2	28.4	32.4
	(小計)	(43.6	43.4	43.9)
	少しそう	38.7	37.4	39.9
	全然そうでない	17.7	19.1	16.2
5 心が優しい子	とてもそう	9.0	10.7	7.2
	わりとそう	26.4	26.0	26.7
	(小計)	(35.4	36.7	33.9)
	少しそう	42.4	40.6	43.9
	全然そうでない	22.4	22.4	22.3

りからであろう。

幸いなことに、四件法で「とてもそう・わりとそう」を合わせると、「友だちが多い子」では59・2％、また「スポーツが得意な子」では42・6％と、子どもの二大価値は一応保持されているかに思われる。しかし、「勉強が得意な子」は大きく落ちて、「とてもそう」はわずか5・8％、「わりとそう」が15・8％と、合わせて21・6％しか肯定していない。「全然そうでない」とする子どもが41・2％もいる。成績に関する自分のクラス内位置について、客観的位置よりも著しく低い評価をする傾向が、これまでも日本の子どもについてたびたび指摘されてきたが、やはり気がかりである。

次に表の下部の二項目「頑張る子」「心が優しい子」は、外からは見えにくいが、人の備えるべき価値としては上位に位置するものであろう。またこれらは、能力にかかわりなく誰でも努力で手に入り、また主観的評価ができるだけに、密かな自負心としてすべての子どもがもっていてもいいはずである。

しかし、前に見た「勉強が得意な子」の21・6％よりは高いものの、「頑張る子」の43・6％、「心が優しい子」の35・4％という数字は、すべての子どものなかに「何らかの肯定的な自己評価を」と願う大人にとって、満足できる数字ではない。

また自分を「全然そうでない」と強く否定する割合は、勉強が得意（41・2％）、スポーツが得意（26・9％）、心が優しい（22・4％）、頑張る（17・7％）、友だちが多い（11・4％）の順になっている。自己像が否定的な子どもは、最近注目されている子どもの「うつ（鬱）状態」とも関連するのかもしれない。こうした否定的な自己像は、子どもの幸福感とは反対に位置するものであろう。また、ここでも肯定的な自己像の数字は、女子が男子より低くなっている。

4　子どもの成長感覚

ここで視点を変えて、幸福感についての質的なデータを探ってみよう。

人は何歳になっても、日々成長していく自分、発展していく自分を感じ続ける。今日は不十分でも、明日はもっといい自分になれるだろう。今日できないことも、明日はきっとできるようになるだろう。こうした自分の成長や発展の可能性と将来への展望が人に幸福感や充足感を生み、積極的で前向きな行動へと駆り立てる。逆に幸福でない状態とは、自分の明日の成長や発展が信じられなくなった状態であろう。老年期がそうだが、種々の側面で世界や自分が縮小し、さまざまなことができなくなった自分が意識される。老年期のうつの状態は、こうした心理のなかにある。

では、子どもはどの程度の成長感覚をもっているのだろうか。または逆に「後退感覚」を抱いているのだろうか。そしてその構造はどうなっているのだろうか。

調査票の最後に「幼稚園のころはできて、今はできなくなったことがありますか」「幼稚園のころできなかったけれど、今はできるようになったことがありますか」とした自由記述欄を設けておいた。得られた記述を整理して、「できなくなったこと」の構造図を作成したのが図1－5である。これまでのデータでは、諸所で子どもの心のかげり、うつ的状態、悲観的展望のような側面が見え隠れしていたかに思われるが、その部分を質的データで探ってみよう。

自由記述を整理して見いだされた子どものマイナスの成長感覚、つまり「後退感覚」は、図1－5

Ⅰ　できなくなったこと

① 子どもの特権（保護と自由）を失った

A．親に甘えられなくなる

Ex）親と一緒にお風呂に入れなくなった・お母さんに甘えられなくなった・親と一緒に寝られなくなった

B．自由を失う

Ex）いつも自由に遊べなくなった・塾や習いごとで自由時間がなくなった・たくさん遊べなくなった・昼寝ができなくなった・のんびりすることができなくなった・暇な時に友だちと遊ぶことができなくなった

① 自分の住む世界の変化

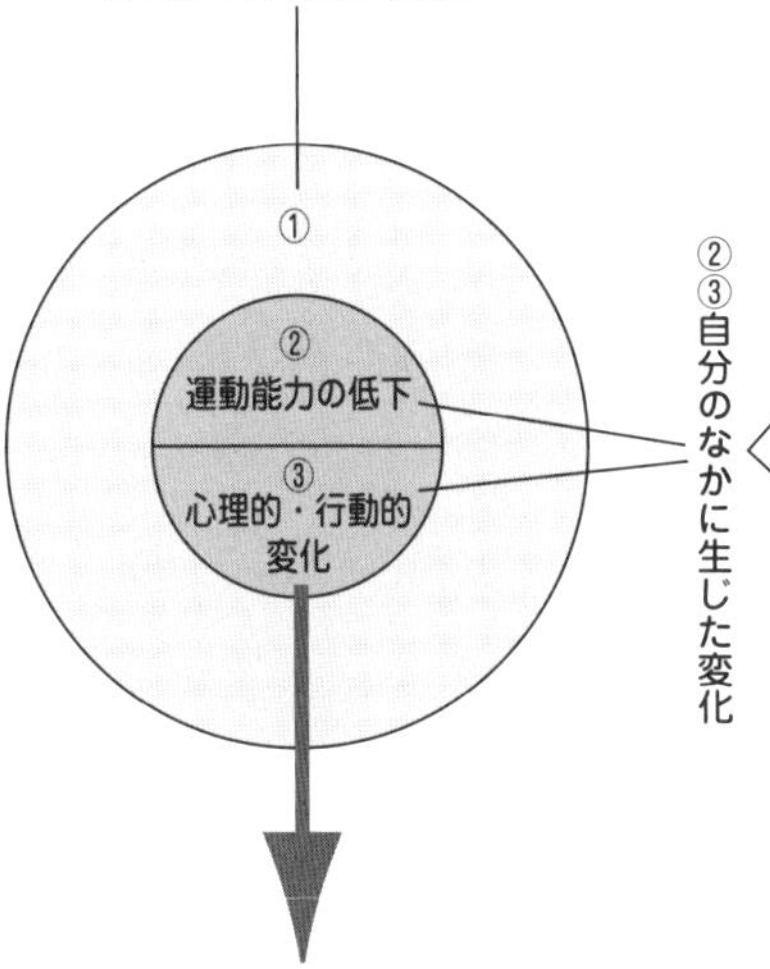

② 運動能力と器用さを失った

Ex）体が硬くなった・裸眼の時よく見えない・すばやく動くことができない・足が遅くなった・木登り・跳び箱・竹馬・こま回し・側転・バック転・鉄棒（逆上がり）・うんてい・マット運動などができなくなった

③ 心理的・行動的変化

A．他人への恐れ・社会的引っ込み・自己抑制（社会的存在へ）

Ex）一人で遊ぶことが増えた・人見知りするようになった・気楽に人と話せなくなった・発言や発表ができなくなった・思ったことをズバズバ言うことができなくなった・人の悪口が言えなくなった・人を本気で殴ることができなくなった・少しのことで泣けなくなった

B．心の勢いを失う

Ex）小さいころは堂々としていたけど今は違う・けんかすることができなくなった・進んでやる気持ちがなくなった・嫌なことが増えた・笑顔をつくることができなくなった

C．新しい自分に向かっている

C．自己主張のはじまり―もう親の「いい子」ではいられない―

Ex）言うことを聞くことができなくなった・素直に謝れなくなった・言葉遣いが悪くなった・わがままになった・好き嫌いが多くなった・野菜を食べることができなくなった

Ⅱ　できるようになったこと（成長感覚の図は省略）

1．体の成長　2．スキル（スポーツ）の増加　3．知識の増加

4．精神的成長（対人関係の広がりと深まり・自主性の増加・内面の充実）

●図1－5　子どもの自己後退感覚
――幼稚園のころはできて，今はできなくなったこと

のような構造をもっている。子どもの心理的世界を二つの同心円で示したが、まず自分の外側の世界、自分の置かれている状況は①で示した「自分の住む世界の変化」があり、また自分の中心部分には②③で示したように、二つの領域に分けられる後退感覚がある。外側は、①子ども時代の特権だった「自由」と「保護」の喪失で、内容はＡ「親に甘えられなくなった自分」、Ｂ「与えられていた自由が狭められてしまった自分」の感覚である。具体的内容は図に示したが、例えば「親と一緒に寝られなくなった、甘えられなくなった、自由時間がなくなった、のんびりできなくなった」などである。

次に円の中心部分に見られる自分の内的な変化は、②運動能力の低下と、③心理的・行動的変化の二つに分けられる。

まず、②運動能力の低下は図に示したように、子どもなりに「体が硬くなり、スキルが後退し、器用さを失った自分」が感じられている。

また、③心理的・行動的な変化は二つに分けられる。Ａ「他人への恐れ、社会的引っ込み、自己抑制」が生じ、それまで気分のままに自分本位に行動していたのが、他人を意識して行動するようになる。天衣無縫さの喪失と言おうか、これは社会性の芽ばえでもある。しかし必ずしも積極的な意味ばかりでなく、「人見知りする、気楽に人と話せなくなる、発表や発言の抑制」など、人への恐れの感情が強くなっている部分に注目したい。またＢ「心の勢いを失う」については、他人への意識とともに、「いじけて小さくなり、嫌なことが増え、笑顔がつくれなくなる」といった、いわば自己矮小化やうつ的状態を現わす項目である。

最後に矢印で外側に出した部分は、Ｃ「新しい自分に向かう」感覚で、これは子どもの側からは自分の退歩、後退だが、大人の目からすると、実はこの先の子どもの成長につながるポジティブな意味をもつ変化である。親の言われるままの「いい子」の自分ではいられなくなり、規範からの逸脱や自己主張が始まる。「親の言うことを聞けなくなる、素直に謝れなくなる、言葉遣いが悪くなる、わがままになる」などの自主性の芽ばえがここにある。

大人になるとは、子ども時代の輝きや晴れやかさを失うことでもあるという感慨は、誰のなかにもあるが、それを小学5・6年生で、すでに多少とも感じ始めている子どもがいることをこれらの質的なデータは示している。

なお図は省略したが「できるようになったこと」を尋ね、同様に処理した結果、幼稚園時代と比べてできるようになったことは、体の成長、スキル（スポーツ）の増加、知識の増加、対人関係の広がりと深まり、自主性の増加、内面の充実（心の強さなど）であった。

こうして見ると、成長に伴って起こる子どものなかの変化は、プラスとマイナスの両側面を備え、誇りと悲哀の感情をあわせもったものと見ることができる。そのいずれが多いかによって、幸福感の一部の側面が構成されるのではないだろうか。

5　学校は楽しいか

以上、子どもの内的な世界の情景を幸福感の観点から見てきたが、最後に「学校が楽しいか」「今、幸せか」で、幸福感の検討の締めくくりとしたい。

表1－28では「学校が楽しいか」を聞いている。「とても楽しい・わりと楽しい」とする子どもは

60・0%であり、子どもの多くは良い状態にある。しかし筆者は臨床家として、学校が「あまり楽しくない」10・2%、「全然楽しくない」5・3%の子どもの存在を、そのままにしてはならないものと考える。この15・5%を少ないと見るか多いと見るかは別として、もしかしたら、今、最大の教育問題である不登校と関連して、この層が不登校の子どもたちを輩出する層かもしれないのである。

私たちは、今以上にすべての子どもにとって学校を「楽しい場」とするための努力が必要ではないだろうか。子どもは一日のうちの多くの時間を学校で過ごし、学校は大人になる準備をする大切な成長の場だからである。しかも、なぜかとりわけ男子に学校が楽しくないとする子どもが多い。

同様に表1－29「今、幸せか」に対しても、前問よりさらに数字は落ちて、55・1%は「とても・わりと幸せ」とするが、「少し幸せ（少ししか幸せでない）」な子どもが26・3%もおり、「あまり幸せでない」子どもが12・9%、「全然幸せでない」子どもは5・7%にのぼる。その理由はどこからくるのかを、大人たちはそれぞれの場で個別に見極め、手当てしていかなければならないと考える。

最後に表1－29から幸せ群と不幸せ群を取り出して、子どもの特性との関係を見たのが、図1－6である。幸せ群とは「自分をとても幸せ」とする群で、男子21・7%、女子28・7%であり、不幸せ群とは「あまり・全然幸せでない」とする群で、男子22・1%、女子15・2%である。図は男子の場合であるが、女子もほとんど同様の

●表1－28　学校が楽しいか

（%）

	全体	男子	女子
とても楽しい	26.7	22.1	31.6
わりと楽しい	33.3	32.4	34.6
（小計）	（60.0	54.5	66.2）
少し楽しい	24.4	27.1	21.2
あまり楽しくない	10.2	12.0	8.6
全然楽しくない	5.3	6.5	3.9

●表 1－29 今，幸せか

(%)

	全体	男子	女子
とても幸せ	25.2	21.7	28.7
わりと幸せ	29.9	28.7	31.0
（小計）	（55.1	50.4	59.7）
少し幸せ	26.3	28.0	25.0
あまり幸せでない	12.9	14.2	11.6
全然幸せでない	5.7	7.9	3.6

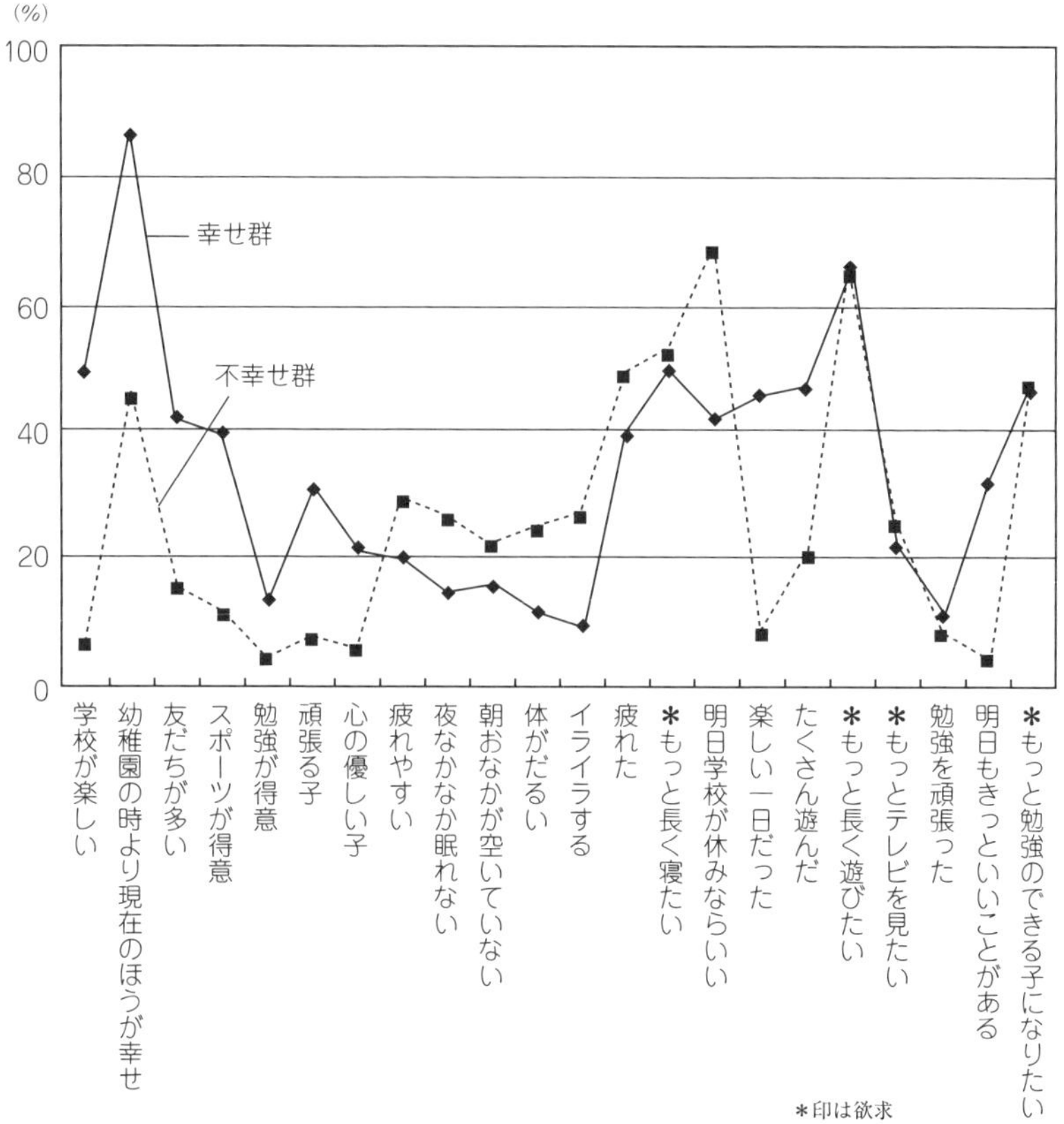

●図 1－6 幸福感×子どもの内界（男子）――幸せ群と不幸せ群の比較

結果なので省略した。図が示すように、幸せ群はほとんどすべての項目で不幸せ群より自己評価が高く、不定愁訴が少なく、一日の終わりの感慨がプラスになっている意欲的な層である。

すべての子どもが「自分をとても幸せだ」と言い切ることができるような状態、すなわち子どもの遊びや学習、生活など、客観的なウェルビーイングの増進だけでなく、主観的にもウェルビーイングな状態をつくり出すために、私たちはさらなる努力をしなければならない。

5節　地域差の検討

ここでは子どもの放課後の生活について「地域差」に注目して分析を進める。具体的には、勉強、外遊び、テレビ視聴などについて、地域特性による差があるのかどうかについて検討する。

一般的には、「都会の子どもはよく勉強している反面、外遊びは不足しており、テレビの視聴時間も長い」というイメージがあるだろうが、はたしてそうだろうか。データを見ながらこうした問題について検討してみたい。

ここで分析に用いるデータは、日本子ども社会学会が実施した「冬調査」(二〇〇四年一月~二月に実施)と「秋調査」(ほぼ同一校にて二〇〇四年九月~十一月に実施)で得られたものである(本章1節参照)。

地域区分の基準は本章1節で示したように、①大都市部…都市化が進み、子どもたちの遊べる自然が少ない地域、②農山村部…豊かな自然のなかで、遊ぼうと思えば遊べるような地域、③中間部…落

●表1－30　調査対象校の概要（冬調査）

	A 大都市部		B 農山村部									C 中間部						
	1	2	3	4	5	6	7.1	7.2	7.3	8	9	10	11	12	13	14	15	16
	東京	大阪	埼玉	群馬	長野	富山	北海道1	北海道2	北海道3	奈良	山形	沖縄	愛媛	九州	福岡	仙台	岡山	千葉
全校児童数	700	680	700	720	490	738	138	217	344	400（4校）	700	900	980	540	640	360	430	740
調査対象者数	203	255	185	238	158	227	47	35	135	143	226	294	236	178	182	119	137	228
①海・川・沼							○	○		○			○	○	○			○
②山・森・林			○	○	○	○	○	○		○	○				○			
③田畑			○	○	○	○	○	○	○	○	○			○	○	○	○	○
④高層ビル・大団地		○												○	○			
⑤大型スーパー・デパート		○													○			○
⑥にぎやかな商店街	○	○			○	△			○									
⑦古くからの住宅地	○		○		○	○	○	○	○			○		○	○	○		○
⑧開発された住宅地		○		○	○		○	○				団地	○		○		○	○
⑨電車の駅		○	○		○	○	○	○							○			○

ち着いた住宅地域、である。

対象となった小学校の所在地、サンプル数、および三つの地域区分を整理して示したのが表1－30である（冬調査の場合のみ）。

分類された三つのカテゴリー（大都市部、農山村部、中間部）間で比較を行ない、統計的検定により差が見られた特徴的なものをピックアップしていきたい。ちなみにそれぞれの地域のサンプル数は、冬調査の場合で、大都市部四五八人、農山村部一、三九四人、中間部一、三七四人であり、秋調査では、大都市部四一〇人、農山村部一、二二〇人、中間部一、二六三人である。

以下ではこうした分類にしたがって、勉強、外遊び、テレビ視聴・テレビゲームについてそれぞれ検討したい。

1　勉強について

まず、勉強について、勉強時間、通塾状況などのデータから地域間比較を行なう。

勉強時間（塾などは含まない）について見てみると（10頁　表1－4参照）、大都市部がもっとも長く、次いで中間部、農山村部の順であった。これは冬調査・秋調査ともに同様の結果であった。例えば、秋調査の大都市部で二時間以上勉強する子どもの割合は20・1％（8・9％＋4・6％＋6・6％）、次いで中間部10・2％（6・7％＋2・2％＋1・3％）、農山村部6・4％（5・2％＋0・7％＋0・5％）となっている。

また、塾やおけいこごとに通っているかどうかについては、大都市部の率が高い。冬・秋とも40%程度であり、他地域の30%程度を上回っている（11頁　表1－5参照）。

ちなみに、冬調査では週の通塾回数を尋ねている。その結果によれば、図1－7に示すように、大都市部が2・9回ともっとも多く、次いで中間部2・2回、農山村部1・9回となっている。分散分析の結果1％水準で有意であった。

以上を総合すると、大都市部の子どもは一般的なイメージのとおり、他の地域の子どもたちに比べ、よく勉強しているようである。

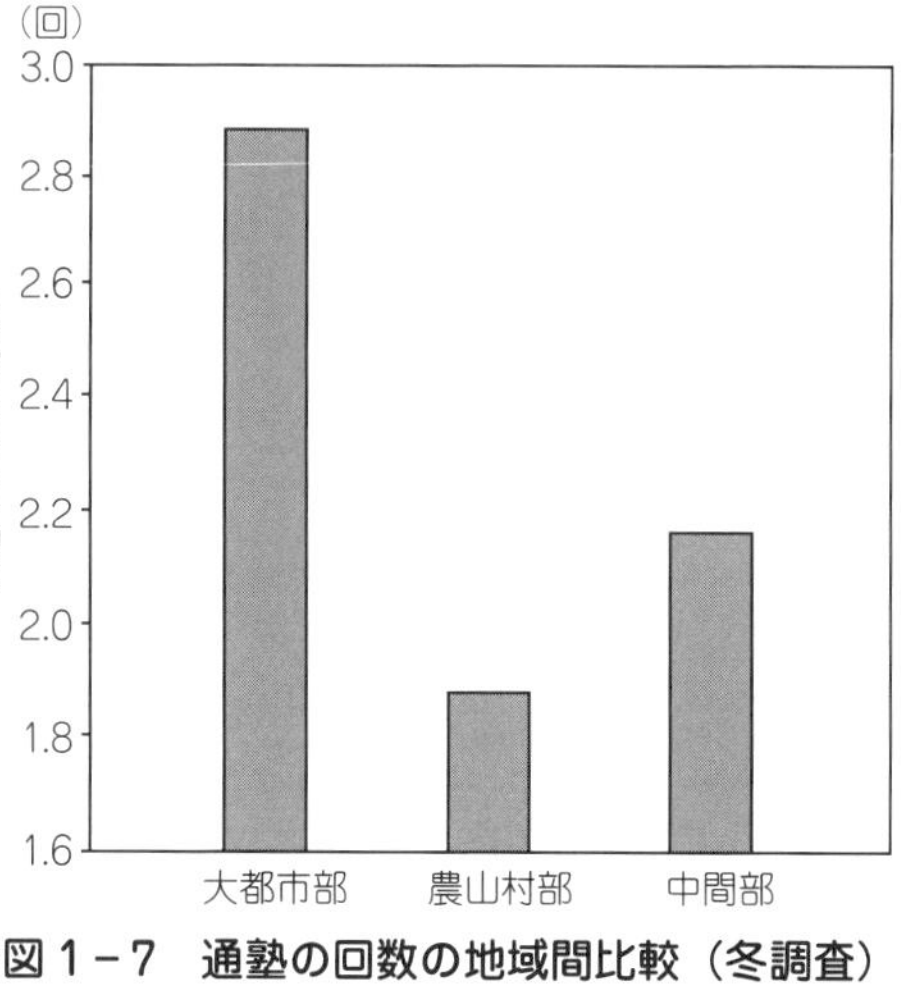

●図1－7　通塾の回数の地域間比較（冬調査）

2　外遊びについて

次に遊び場について見てみたい。近年、子どもたちの体力の低下が叫ばれているが、それは外遊びが減ってきたためとの指摘もある（例えば、中央教育審議会[☆4]）。そのあたりの問題と地域差についてここで検討してみたい。とくに、都会の子どもの外遊び状況は、環境に恵まれていないこともあって不足しているというイメージがあるだろう。その問題もあわせて考えてみたい。

表1－31を見てみよう。これは家の外で遊ぶのと家の中で遊ぶのとどちらが好きかを尋ねた結果である。先ほどと同様、冬と秋で分けて示してある。まず冬の結果を見てみると、農山村部の子どもの

ほうが家の中で遊ぶことが好きと答える傾向にある。家の外での遊びを好んでいる割合を見ても、大都市部で「わりと家の外」と「ぜったい家の外」を合わせた割合が28・9％（21・7％＋7・2％）なのに対し、農山村部では20・5％（15・0％＋5・5％）であった。冬の場合は一般的なイメージとは違って、都会の子どものほうが外遊びを好む傾向にあるようである。

このことは農山村部の冬が厳しいということとも関連しているであろう。例えば、雪深いなかではなかなか外で遊ぼうという気持ちにならないという状況が思い浮かぶ。それを裏づける結果が秋調査で出ている。同じ表で農山村部の秋の場合を見ると、「ぜったい家の中」の割合が減り、「ぜったい家の外」の割合が増

●表1－31　外遊びの地域間比較

			あなたは家の中と外とどちらで遊ぶのが好きですか？					
			ぜったい家の中	わりと家の中	どちらも同じくらい	わりと家の外	ぜったい家の外	合計
〈冬〉地域特性	大都市部	度数	27	103	195	99	33	457
		（%）	5.9	22.5	42.7	21.7	7.2	100.0
	農山村部	度数	101	317	686	209	77	1390
		（%）	7.3	22.8	49.4	15.0	5.5	100.0
	中間部	度数	74	274	662	240	117	1367
		（%）	5.4	20.0	48.4	17.6	8.6	100.0
合計		度数	202	694	1543	548	227	3214
		（%）	6.3	21.6	48.0	17.1	7.1	100.0
〈秋〉地域特性	大都市部	度数	35	111	177	51	20	394
		（%）	8.9	28.2	44.9	12.9	5.1	100.0
	農山村部	度数	71	244	488	205	88	1096
		（%）	6.5	22.3	44.5	18.7	8.0	100.0
	中間部	度数	83	292	503	223	116	1217
		（%）	6.8	24.0	41.3	18.3	9.5	100.0
合計		度数	189	647	1168	479	224	2707
		（%）	7.0	23.9	43.1	17.7	8.3	100.0

χ^2検定の結果1％水準で有意

郵便はがき

まことに恐縮ですが，切手をおはり下さい。

603-8303

京都市北区紫野
十二坊町十二―八

北大路書房
編集部 行

（今後出版してほしい本などのご意見がありましたら，ご記入下さい。）

愛読者カード

ご意見を，心から
お待ちしています。

（お買い上げ年月と書名）　年　月

（おところ）（〒　）TEL（　）

（お名前《ふりがな》）
年齢（　歳）

（お勤め先 または ご職業）

（お買い上げ書店名）
市　書店・店

（本書の出版をお知りになったのは？○印をお付け下さい）
（ア）新聞名（　）·雑誌名（　）　（イ）書店の店頭
（ウ）人から聞いて　（エ）図書目録　（オ）DM
（カ）ホームページ　（キ）これから出る本　（ク）書店の案内で
（ケ）他の本を読んで　（コ）その他（　）

（本書をご購入いただいた理由は？○印をお付け下さい）
（ア）教材として　（イ）研究用として　（ウ）テーマに関心
（エ）著者に関心　（オ）タイトルが良かった　（カ）装丁が良かった
（キ）書評を見て　（ク）広告を見て
（ケ）その他（　）

（本書についてのご意見）表面もご利用下さい。

このカードは今後の出版の参考にさせていただきます（お送りいただいた方には，当社の出版案内をお送りいたします）。

※ご記入いただいた個人情報は，当社が取り扱う商品のご案内，サービス等のご案内および社内資料の作成のみに利用させていただきます。

える傾向にある。

次に、実際に遊んだ場所（昨日どこで遊んだか）について表1－32を見てみたい。ここでもほぼ同様の結果が出ている。例えば、冬の場合では、農山村部では「家の中だけ」と回答した割合が44・9％にのぼっていて他地域に比べてもっとも高く、「家の外だけ」の割合も8・1％ともっとも低くなっている。

このように見てみると、必ずしも農山村部の子どもが年中元気に外で遊びまわっているということでもないようである。農山村部の冬の厳しい環境があったとしても、大都市部の子どものほうが、外遊びを好んで行なっているようである。

そのあたりの関連からもう一つ

●表1－32　実際に遊んだ場所の地域間比較

			あなたはきのう家に帰ってからどこで遊びましたか				
			家の中だけ	家の中と外の両方	家の外だけ	遊ばなかった	合計
〈冬〉地域特性	大都市部	度数	147	57	41	194	439
		（%）	33.5	13.0	9.3	44.2	100.0
	農山村部	度数	597	135	108	490	1330
		（%）	44.9	10.2	8.1	36.8	100.0
	中間部	度数	420	136	202	546	1304
		（%）	32.2	10.4	15.5	41.9	100.0
合計		度数	1164	328	351	1230	3073
		（%）	37.9	10.7	11.4	40.0	100.0
〈秋〉地域特性	大都市部	度数	145	44	29	159	377
		（%）	38.5	11.7	7.7	42.2	100.0
	農山村部	度数	363	169	138	366	1036
		（%）	35.0	16.3	13.3	35.3	100.0
	中間部	度数	320	151	163	475	1109
		（%）	28.9	13.6	14.7	42.8	100.0
合計		度数	828	364	330	1000	2522
		（%）	32.8	14.4	13.1	39.7	100.0

χ^2検定の結果1％水準で有意

データを見てみよう。次に示すのは、公園で遊ぶ頻度についてのデータである。公園の整備状況は全国でそれほど大きな格差はないということが知られている。つまり、他の遊び環境に比べると、比較的差の少ないものであると考えられる。よってこの項目で比較することによって、各地域の子どもたちの志向がよりクリアに出ると思われる。

表1－33が公園で遊ぶ頻度に関する地域間比較の結果である。冬の場合で見てみると、農山村部の「よくある」の割合7・6％は大都市部18・2％、中間部13・4％に比べ低くなっている。農山村部の「ぜんぜんない」の割合が41・1％にのぼることも注目に値する。大都市部の子どもが公園でよく遊び、農山村部の子どもがあまり遊ばないと

●表1－33　公園で遊ぶ頻度の地域間比較

			公園で遊ぶ				
			よくある	時どきある	あまりない	ぜんぜんない	合計
〈冬〉地域特性	大都市部	度数	83	151	119	103	456
		(%)	18.2	33.1	26.1	22.6	100.0
	農山村部	度数	106	294	418	570	1388
		(%)	7.6	21.2	30.1	41.1	100.0
	中間部	度数	183	410	382	388	1363
		(%)	13.4	30.1	28.0	28.5	100.0
合計		度数	372	855	919	1061	3207
		(%)	11.6	26.7	28.7	33.1	100.0
〈秋〉地域特性	大都市部	度数	56	115	116	104	391
		(%)	14.3	29.4	29.7	26.6	100.0
	農山村部	度数	126	235	286	432	1079
		(%)	11.7	21.8	26.5	40.0	100.0
	中間部	度数	121	296	330	447	1194
		(%)	10.1	24.8	27.6	37.4	100.0
合計		度数	303	646	732	983	2664
		(%)	11.4	24.2	27.5	36.9	100.0

χ^2 検定の結果１％水準で有意

いうこの傾向は秋の場合も変わらない。

その他の環境であればともかく、先にも述べたように、公園の整備状況は全国でそれほど大きな格差があるわけではない。むしろ農山村部のほうが公園の整備状況がよいという国土交通省のデータもある[注1]。にもかかわらず、このような差が生じた。

以上のように、一般的な「都会の子どもは外遊びをあまりしないが、田舎の子どもは元気に外で遊びまわっている」というイメージは、データから見る限り、必ずしも的を射ていないと言えそうである。体力低下の状況は都市部よりも農村部のほうが深刻かもしれない。

また、データから、外遊びが減っていることはある程度間違いないだろう。過去のデータと直接比較できないので確実なことは言えないが、例えば表1－32の結果に戻って見てみると、外遊びをした子どもの割合は、「家の中と外の両方」と回答した子どもを合わせても、冬で2割程度（10・7％＋11・4％）、秋で3割に満たない（14・4％＋13・1％）。

以上の結果を総合すると、外遊びは全体的に減っており、とくに農山村部の子どもは外遊びが少ないということになるだろう。

3　テレビ視聴・テレビゲームについて

最後に、テレビ視聴やテレビゲームについて地域間の違いを見ると、大都市部の子どものテレビ視聴時間は概して短いということが明らかになる（13頁　表1－6参照）。例えば、冬の場合で、大都市部では「見なかった」と回答した割合が10・1％と他地域に比べて高く、「4時間かそれ以上」と回答した割合は10・5％と他地域に比べて低かった。この傾向は秋の場合も変わらない。

次に、これと関連して普段のテレビを見る頻度について尋ねた結果を示したものが表1－34である。ここでも、大都市部の子どものテレビを見る頻度の低さがうかがえ、逆に農山村部の子どもはテレビをよく見ている傾向が明らかになっている。例えば、冬の場合、「よく見る」の割合がもっとも高いのが農山村部の70・1％であり、もっとも低い大都市部とは10％の開きがある。その傾向は秋の場合も変わらない。このように見ると、もっともテレビを見ている地域は農山村部であると言えそうである。

では次に、テレビゲームはどうであろうか。テレビゲームをする頻度について

●表1－34　テレビの視聴頻度の地域間比較

			テレビを見る				合計
			よく見る	時どき見る	あまり見ない	ぜんぜん見ない	
〈冬〉地域特性	大都市部	度数	274	100	57	25	456
		(%)	60.1	21.9	12.5	5.5	100.0
	農山村部	度数	972	295	90	29	1386
		(%)	70.1	21.3	6.5	2.1	100.0
	中間部	度数	899	307	120	42	1368
		(%)	65.7	22.4	8.8	3.1	100.0
合計		度数	2145	702	267	96	3210
		(%)	66.8	21.9	8.3	3.1	100.0
〈秋〉地域特性	大都市部	度数	201	104	62	27	394
		(%)	51.0	26.4	15.7	6.9	100.0
	農山村部	度数	708	262	94	28	1092
		(%)	64.8	24.0	8.6	2.6	100.0
	中間部	度数	696	336	119	54	1205
		(%)	57.8	27.9	9.9	4.5	100.0
合計		度数	1605	702	275	109	2691
		(%)	59.6	26.1	10.2	4.1	100.0

χ^2検定の結果１％水準で有意

の結果を示したものが表1－35である。

この結果も先ほどのテレビ視聴と同様に、冬、秋ともに、農山村部で高くなっており、大都市部で低くなっている。例えば、冬の場合で「よくする」と回答した割合について見ると、もっとも割合が高いのが農山村部の30・5％で、もっとも低いのが大都市部の21・4％である。

以上のことから、農山村部の子どものテレビ漬け、ゲーム漬けの状況が明らかになった。これは一般的なイメージとは異なる結果ではないだろうか。メディアに通じているというイメージのある大都市部の子どもは、テレビやテレビゲームにそれほど熱中してはいないのである。

4　まとめ

最近、昔に比べて子どもたちの遊びが

●表1－35　テレビゲームの使用頻度の地域間比較

			テレビゲームをする				合計
			よくする	時どきする	あまりしない	ぜんぜんしない	
〈冬〉地域特性	大都市部	度数	97	105	91	161	454
		（%）	21.4	23.1	20.0	35.5	100.0
	農山村部	度数	419	331	271	351	1372
		（%）	30.5	24.1	19.8	25.6	100.0
	中間部	度数	352	303	307	392	1354
		（%）	26.0	22.4	22.7	29.0	100.0
合計		度数	868	739	669	904	3180
		（%）	27.3	23.2	21.0	28.4	100.0
〈秋〉地域特性	大都市部	度数	70	87	93	138	388
		（%）	18.0	22.4	24.0	35.6	100.0
	農山村部	度数	301	254	229	297	1081
		（%）	27.8	23.5	21.2	27.5	100.0
	中間部	度数	304	248	233	409	1194
		（%）	25.5	20.8	19.5	34.3	100.0
合計		度数	675	589	555	844	2663
		（%）	25.3	22.1	20.8	31.7	100.0

χ^2検定の結果１％水準で有意

変容し、とくに、運動不足、体験不足が指摘されている。文部科学省の統計によると、子どもたちの体力は一九八〇年ごろをピークに低下し続けている。[☆5]そしてそれは子どもたちが体を動かさなくなったこと、とくに外遊びが減少してきたことと関連していると言われている。

鬼ごっこやドッチボールなどの外で、集団で、活動的に遊ぶ遊びから、テレビゲームに象徴されるような、家の中で、一人で、体をあまり動かさない遊びに変化してきた（筆者はこれを「オタク遊びへの変化」と呼んでいる）。また三つの「間」の変化という指摘もある。一つめは「空間」（広場などの安全に遊べる場が不足してきた）、二つめは「時間」（塾や習いごとなどで遊ぶ時間が減ってきた）、三つめは「仲間」（少子化や習いごとなどで友だちと時間も合わないので一人遊びが増え、遊び仲間が減ってきた）である。

ここではそうした子どもたちの遊びの変化がデータでも明らかになった。再び表1－32に戻ると、「遊ばなかった」と回答した子どもが約4割おり、外遊びをしている子どもも2割～3割程度しかいなかった。その分、6割～7割の子どもが「テレビをよく見る」と回答しており（表1－34）、3割近くの子どもが「テレビゲームをよくする」と回答している（表1－35）。そして、そうした外遊び不足、テレビ漬け、ゲーム漬けの傾向は、むしろ農山村部の子どもに現われているように思われる。

『ゲーム脳の恐怖』という著書[☆6]が話題になったが、そのなかで子どもがテレビゲームをやりすぎると脳がうまく発達せず、キレやすくなったり無気力になったりすることが報告されている。また、日本小児科医会は子どもの「言葉の発達の遅れ」などを理由に、テレビを長時間見せないように呼びかけており、日本小児科学会も、すべてのメディアへの接触時間を「二時間まで」に制限したほうがよいと提言している。こうしたテレビやテレビゲームを制限しようとする動きは、子どもにテレビを長時間見せるのは危険、テレビゲームを長時間させるのは危険という認識に基づいていると言える。

それに関連して、最近の子どもは体を動かさないことにより、脳まで動かなくなっているという指摘もある。☆7 つまり、運動不足が、たんに肥満や生活習慣病を引き起こすというレベルにとどまらず、脳の発達にも悪影響を与えているということである。このように運動は子どもの脳の発達にとって、きわめて重要な役割を果たしていることが最近の研究により明らかになってきた。

このような指摘をふまえて考えると、一般的なイメージとは違って、より注意が必要なのは、農山村部の子どものほうかもしれない。

逆に、大都市部の子どもがテレビ漬け、ゲーム漬けの傾向が農山村部に比べて弱いのは、ある程度、遊びの興味が分散していることを意味すると思われる。

いずれにしても、こうした状況、すなわち、遊びの変化のもたらした子どもたちの運動不足と体験不足は、放置できないものとなっていると言えるだろう。こうした状況を打破するためにもっとも必要なのは、保護者の教育意識であると筆者は考えている。つまり、大切なのは、保護者ができるだけ子どもたちを運動不足にならないよう、体験不足にならないよう、意識して接するということである。

例えば、子どもたちがテレビ漬け、ゲーム漬けになっているのは、子どもの問題というよりは、テレビを見せっぱなし、ゲームをさせっぱなしにしている保護者の教育意識の問題なのではないだろうか。筆者はテレビやテレビゲーム自体が悪いとは考えていない。テレビ視聴やゲームの時間を制限するかどうかは保護者の裁量にかかっているとも言えるだろう。そうしたコントロールを含め、基本的生活習慣を身につけさせるうえで重要なのは、子どもを取りまく家庭環境である。

保護者は子どもの運動不足や体験不足を嘆く前に、休日などに外に連れ出すくらいの意識が必要なのではないだろうか。このように、「意識して」子どもとかかわることを行なわなければならないくらい、子どもたちは危機的な状況にあると言える。運動や体験を意識的・意図的にさせなければならない状況は、なんとも悲しいことではあるが、放任していても子どもたちが集団遊びのなかで社会性や自然体験を得るという時代では、残念ながらもはやなくなっていると言えるだろう。地域共同体が存在していた時代であればともかく、「親はなくとも子は育つ」時代は終わったのである。

いずれにしても、今後学会として同様の調査を継続していくことによって子どもの実態をとらえ、五年後、十年後の子どもの遊びがどのように変化していくのか、注目していく必要がある。

注1 具体的には、国土交通省の平成十三年度の統計結果によると、都市の人口規模別に都市公園の整備状況を見ると、一人あたり都市公園面積を指標とした場合、大都市ほど水準が低く、人口規模の小さい都市ほど水準が高い傾向がある。このデータは国土交通省のホームページにて確認できる（HYPERLINK "http://www.mlit.go.jp/kisha/kisha02/04/040821_3_.html" http://www.mlit.go.jp/kisha/kisha02/04/040821_3_.html）。

6節　地域からのレポート

1　都心の学校

特徴的なデータより

日本子ども社会学会で、大都市の東京A小学校が注目されたのは、「楽しい一日だった」「勉強を頑張った」「明日もいいことがある」「学校が楽しい」「自分が好き」などの数値の高さである。

放課後の調査をしていく過程で、「子どもたちがどんな気持ちで一日を終えるのか」「すべての子どもたちに一日の生活の充実感を与えたい」という調査者の関心や期待があった。その観点から抜き出した項目が、表1－36に示された冬調査の「生き生き感」である。

調査した小学校のなかでも、大都市の東京A小学校が多くの項目で高い数値を示した。とくに「自分が好き」という自尊感情の高さや、「学校が楽しい」の項目では、全体の平均を10％以上も上回った。また、秋調査でも、表1－37に示す通り、他の調査校、調査地域に比べて各項目とも高い数値を示した。表中の◎は全体で一位の数値を、また、○は三位までの数値を表わしている。一見してわかる通り、ほとんどの項目に◎または、○がついている。特徴的なのが、「学校が楽しい」と、「勉強を頑張った」の数値の高さである。「学校が楽しい」は、「とても」「わりと・いつも」「時どき」を合わせると、71・0％の子どもたちが答えており、調査全体の数値の平均を10％程度上回っている。また、「勉強を頑張った」子どもも、32・6％と約3分の1おり、学校生活を生き生きと送っている多くの子ど

●表 1－36　生き生き感（冬）

とても＋わりと・いつも＋時どき（%）

	楽しい一日だった	勉強を頑張った	たくさん遊んだ	明日もいいことがある	学校が楽しい	自分が好き
東京A小学校	61.5	28.5	47.7	35.2	76.4	48.7
全国平均	58.7	21.0	51.0	32.7	65.4	32.0

●表 1－37　生き生き感（秋）

とても＋わりと・いつも＋時どき（%）

		楽しい一日だった	勉強を頑張った	たくさん遊んだ	明日もいいことがある	学校が楽しい	今，幸せ
大都市部	東京A小	○ 61.0	◎ 32.6	45.0	○ 37.3	◎ 71.0	○ 63.3
中間部	沖縄B小	54.6	24.8	47.0	32.5	54.5	50.1
	九州C小	60.7	23.8	○ 55.0	○ 37.9	61.0	○ 63.7
	愛媛D小	53.9	27.4	44.8	26.3	58.5	54.8
	岡山E小	55.6	24.2	42.2	27.4	58.7	55.1
	千葉F小	48.2	▼ 14.9	44.7	▽ 21.5	▽ 53.3	47.2
	仙台G小	52.1	23.2	46.6	26.9	50.4	▽ 45.4
	福岡H小	48.3	○ 29.6	50.0	29.2	63.8	54.3
	大阪I小	56.0	16.2	39.3	22.2	64.4	56.6
農山村部	埼玉J小	○ 61.8	○ 31.9	◎ 59.5	◎ 38.1	○ 70.7	58.9
	長野K小	59.7	24.4	55.6	30.5	○ 67.0	◎ 75.3
	富山L小	58.3	25.7	48.7	33.6	61.9	58.9
	山形M小	▽ 43.5	▽ 16.1	▽ 35.5	▽ 21.3	▼ 42.6	50.0
	群馬N小	◎ 69.7	25.8	○ 57.0	34.0	63.0	58.0
	奈良（3校）	▼ 34.1	▽ 17.2	▽ 38.8	▼ 14.2	▽ 53.4	▼ 45.2
	北海道（3校）	▽ 43.4	25.7	▼ 34.9	21.7	57.9	▽ 47.1
全国平均		54.1	24.9	46.3	29.1	60.0	55.1

◎：1位　○：3位まで　▼：最下位　▽：下位3位まで

もたちの姿が浮かんでくる。

そして、一日をふり返ると「楽しい一日だった」と感じている子どもが61・0%。「今、幸せ」であり、「明日もいいことがある」という明るく元気な子どもたちの姿が示されている。

なお、本項のサンプルとなった大都市のA小学校を紹介すると、この小学校は東京都B区にある。私鉄の駅から徒歩三分という活気のある商店街のなかにある小学校であるが、すぐに住宅街が広がり、子どもたちは落ち着いた環境のなかで生活している。

家庭、地域の教育力は高く、また学校も百年を超える伝統校であり、保護者の教育にかける期待は大きい。私立中学受験の割合も高く、クラスの半分以上が受験する年も多い。児童数は七〇〇人を超す二十二クラスの大規模校であり、区域外からの越境児童や、海外からの帰国子女児童も多い。

子どもたちの一日の生活

そんな、大都市東京A小学校の子どもたちの一日の生活の様子を見ていく。

朝起きるのは遅い。表1－38に示す通り、調査校全体の平均起床時刻は、六時から七時に集中し（61・2%）、七時までに起きている子どもは7割に達している。しかし、A小学校では、調査日、七時までに起きた子どもは、44・2%。七時以降になりやっと起きた子どもが半数を超し、登校前の朝のあわただしい時間を過ごしている様子がうかがえる結果となった。

朝の遅さの原因は、就寝時刻の遅さにもあるようだ。表1－39に示す通り、東京A小学校の子どもたちの夜は遅い。十一時を過ぎてもまだ起きている子どもが、44・9%と半数近くいる。また、十二時を過ぎて起きている子どもが、なんと14％と1割を超している。子どもたちの就寝時刻が遅くなる一番の原因は、テレビの長時間視聴やゲームのやり過ぎなどによるものが多い。しかし、この東京A小学校の場合、就寝時刻の遅さは、勉強時間の長さによるものと考えられる。

表1－40は、昨日の勉強時間を尋ねたものである。調査表では、「昨日はどれくらい勉強をしましたか（宿題や自分でした勉強。塾でした勉強は入れません）」と、尋ねている。全体の平均と比べてみると、その長時間の勉強ぶりがわかる。二時間以上勉強する子どもは、全体の平均がちょうど1割に対して、A小学校は、29・7％と約3割となっている。そして、1割の子どもたちは、四時間以上勉強している。

次の表1－41で塾やおけいこごとに行っている児童を尋ねているが、A小学校では、約半数が、その日、塾またはおけいこごとに行っている。そのうち、九時以降に自宅に帰る子どもが2割近くいる。

●表1－38　起床時刻（秋）

（%）

	5時前	5～6時	6～7時	7～8時	8時以降
東京A小学校	0.0	3.8	40.4	51.5	4.3
全国平均	0.7	8.8	61.2	26.1	3.1

●表1－39　就寝時刻（秋）

（%）

	8時前	8～9時	9～10時	10～11時	11～12時	12時以降
東京A小学校	1.3	5.9	14.8	33.1	30.9	14.0
全国平均	0.9	8.3	27.3	35.1	20.3	8.2

●表1－40　勉強時間（秋）

（%）

	しなかった	30分以下	1時間ぐらい	1時間半ぐらい	2時間ぐらい	3時間ぐらい	4時間以上
東京A小学校	11.0	22.5	24.1	12.7	12.3	7.2	10.2
全国平均	15.6	35.3	27.4	11.6	6.4	1.9	1.7

塾で勉強し、さらに家で勉強という子どももいる。就寝時刻の遅さが、勉強によると思われる子どもたちがかなりたくさんいそうである。

一方、テレビ視聴時間については、表1－42に示す通り、全体平均では、二時間以上テレビを見ている子どもが51・4％と半数を超すのに対して、A小学校は秋の調査で34・6％と3割を超えている。一時間ぐらいかそれより少ない子どもが47・8％と半数近くになる。これは前回の冬調査でもほぼ同様の数値を示している。テレビの見すぎが指摘されるなか、A小学校のテレビ視聴の少なさは特徴的である。

次に表1－43で子どもたちの放課後の遊びの様子を見ていく。今回の秋調査では、調査日前日が雨だった場所もあり、放課後遊んだ子どもは、冬の調査より少なくなっている。帰宅後遊ばなかった子どもは約4割いる。遊んでも家の中が中心であり、全体の調査校とほぼ同じ傾向を示しているが、活動的な遊びの様子はうかがえない。

また、家の中でどんな遊びをするかを尋ねた表1－44からは、「読書」が、58・1％と全体の平均よりも20％程度高く

●表1－41　塾・おけいこごと（秋）

（％）

	塾・おけいこごと		帰宅時間					
	行った	行かなかった	5時前	5～6時	6～7時	7～8時	8～9時	9時以降
東京A小学校	46.8	53.2	4.5	12.7	27.3	24.5	11.8	19.1
全国平均	32.6	67.4	6.5	18.3	28.7	24.4	12.1	10.0

●表1－42　テレビ視聴時間

（％）

	見なかった	30分以下	1時間ぐらい	1時間半ぐらい	2時間ぐらい	3時間ぐらい	4時間以上
東京A小学校（秋）	12.8	17.1	17.9	17.5	15.4	12.4	6.8
同　　（冬）	12.9	16.9	18.4	17.4	16.4	12.9	5.0
全国平均	5.4	11.0	17.7	14.5	21.0	17.1	13.3

なっており、特徴的な結果である。また、「ごろごろ、のんびり」の数値も全体平均よりも高く、疲れをいやすような結果となっている。

その他、友だちとの遊びの調査項目では、全体の平均とほぼ同じ状況であり、顕著な結果はとくに見られなかった。

生き生き感を支えるもの

ここからは子どもたちの気持ちを中心に見ていく。冒頭で、生き生きした元気な子どもたちの様子を紹介したが、表1-45では、「疲れやすい」「身体がだるい」などのくたびれ感を尋ねた。表が示す通り、全体の平均に比べて少しずつ数値が高くなっている。「朝おなかがすかない」のは、起床時刻の遅さが原因であろうか。3%ほど高い数値を示している。

●表1－43　学校が終わってからの遊び（調査日の前日）

(%)

	放課後		帰宅後			
	遊んだ	帰った	遊んだ 家の中	遊んだ 中と外	遊んだ 外	遊ばなかった
東京Ａ小学校（秋）	21.5	78.5	45.4	5.7	7.0	41.9
同　（冬）	33.7	66.3	31.3	17.9	10.4	40.3
全国平均	25.8	74.2	32.8	14.4	13.1	39.7

●表1－44　家の中での遊び（秋）

よくする＋時どきする（%）

	テレビを見る	マンガを読む	読書	テレビゲーム	ごろごろ，のんびり	電話でおしゃべり
東京Ａ小学校	73.2	59.9	58.1	37.7	67.4	15.5
全国平均	85.7	55.9	39.5	47.4	59.3	19.8

●表1－45　くたびれ感（秋）

いつもそう思う＋わりとそう思う（%）

	疲れやすい	身体がだるい	夜寝つかれない	イライラする	朝おなかがすかない
東京Ａ小学校	50.0	32.7	35.9	30.9	35.5
全国平均	49.0	32.4	35.5	28.0	32.5

次の表1－46は、「もっと……したい」という、子どもたちの欲求をあげた。全体の平均と比べてA小学校の子どもたちの欲求の順位は、「もっと長い時間遊びたい」から「もっと親といろいろしゃべりたい」までほとんど変わらない。しかし項目別に見ていくと、A小学校の子どもたちは、遊びに関しての「もっと（長い時間・外で・いろいろな友だちと）遊びたい」という欲求が少ない。その一方で、「もっと長く眠りたい」「もっとテレビを見たい」そして、「もっと親といろいろしゃべりたい」と、自由でのびのびできる時間を欲しがっている。そして、さらに勉強ができるようになりたいという気持ちが強く表われている。

次の2つの表1－47と表1－48は、一日を終わって寝るときに「楽しい一日だった」と思うことがある子どもたちを、「いつもそう思う」から「あまり、全然そう思わない」までの四つの群に分けて、それぞれの子どもたちの気持ちを尋ねたものである。

表1－47に示す通り、「楽しい一日だった」といつもそう思う子どもの約半数が、「勉強を頑張った」といつも・わりとそう思っている。一方、「楽しい一日だった」とあまり、全然そう思わない子どもの6割が、勉強を頑張ったとは思っていない。子どもたちにとって、勉強が楽しい一日を決める一つの要素になっていると言えるだろう。

また、表1－48からは、楽しい一日と、たくさん遊んだかの関係がわかる。表が示す通り、「楽しい一日だった」といつもそう思う子どもの57・1％が「たくさん遊んだ」といつもそう思っている。一方、「楽しい一日だった」とあまり、全然そう思わない子

●表1－46　欲求（秋）

よく思う＋時どき思う（％）

	もっと長い時間遊びたい	もっと長く眠りたい	もっと勉強ができるようになりたい	もっと外で遊びたい	もっとテレビを見たい	もっといろいろな友だちと遊びたい	もっと親といろいろしゃべりたい
東京Ａ小学校	83.9	77.5	71.1	63.8	53.6	50.9	38.2
全国平均	85.2	70.1	68.1	64.2	47.2	56.9	34.9

どもの65・8%が、たくさん遊んだとは全然思わないという結果になっている。子どもたちにとって遊びのもつ重要性がここでもクローズアップされる。

最後に、表1－49で、子どもたちの自己像を見た。東京A小学校の子どもたちは、心が優しく、友だちが多い。そして勉強が得意で、なんと言っても頑張ることができる。その子どもたちの自信がうかがえる結果であった。

これまで見てきたように、大都市東京A小学校の子どもたちの多くは、塾や勉強を生活の中心におき、夜型の生活をしていた。放課後友だちとはあまり遊べず、テレビもあまり見られないが、それでもその生活は、都市のひ弱な子どもという感じではなく、友だちも多く、学力を中心にした自信に裏づけされる元気いっぱいの子どもたちの姿であった。しかし、当然のことながら、「もっと眠りたい」「もっとテレビを見たい」という欲求

●表1－47　勉強を頑張った×楽しい一日だった

(%)

		勉強を頑張った				
		いつもそう思う	わりとそう思う	時どきそう思う	あまりそう思わない	全然そう思わない
楽しい一日だった	いつもそう思う	22.4	25.9	22.4	12.1	17.2
	わりとそう思う	7.2	25.3	32.5	25.3	9.6
	時どきそう思う	14.8	11.1	40.7	24.1	9.3
	あまり，全然そう思わない	10.5	7.9	21.1	28.9	31.6

●表1－48　たくさん遊んだ×楽しい一日だった

(%)

		たくさん遊んだ				
		いつもそう思う	わりとそう思う	時どきそう思う	あまりそう思わない	全然そう思わない
楽しい一日だった	いつもそう思う	57.1	16.1	8.9	14.3	3.6
	わりとそう思う	14.5	38.6	22.9	13.3	10.8
	時どきそう思う	5.6	14.8	25.9	37.0	16.7
	あまり，全然そう思わない	7.9	13.2	10.5	2.6	65.8

はもっており、また「もっと親といろいろしゃべりたい」と、その時間的なゆとりのなさが見られる結果であった。

今は、勉強を頑張っている。この勉強の頑張りが、自信となり、楽しい充実した生活を送っている。しかし、基本的な生活時間の乱れ、ゆとりのなさ、そして、今後必ず直面するであろう勉強のつまずきなどを考えると、危うさと背中合わせのような感じもしてくる結果であった。

2　奈良の農村より

地域の特性

〈はじめに〉

奈良の小学校教員の立場から、子どもたちの様子を報告したい。本調査の結果をふまえつつも、できるだけ現場のふんいきを伝えられるよう、筆者が観察したことや、教師仲間

●表1－49　自己像

とてもそう＋わりとそう（%）

		スポーツが得意	友だちが多い	勉強が得意	頑張る	心が優しい
大都市部	東京A小	43.6	○63.7	○28.0	◎51.5	○41.6
中間部	沖縄B小	39.3	53.7	21.5	32.8	30.0
	九州C小	○46.2	61.4	○23.1	44.1	33.1
	愛媛D小	42.7	63.1	21.5	43.0	○41.9
	岡山E小	48.8	61.1	○26.4	44.1	○42.1
	千葉F小	41.6	○63.6	21.3	38.9	21.3
	仙台G小	37.8	47.5	16.7	38.2	26.7
	福岡H小	39.7	50.4	21.7	○47.4	36.6
	大阪I小	40.1	58.5	13.2	39.2	26.4
農山村部	埼玉J小	○46.0	◎69.6	◎28.3	○50.9	◎54.3
	長野K小	◎50.0	58.5	15.9	46.4	28.1
	富山L小	42.6	60.9	22.1	○49.3	34.2
	山形M小	37.0	51.9	14.8	37.9	26.9
	群馬N小	38.0	○68.0	20.0	44.0	35.3
	奈良（3校）	40.3	54.5	18.8	39.5	33.3
	北海道（3校）	○46.1	54.1	20.6	44.7	32.2

◎：1位　○：4位まで

と論議した中身を元に述べたい。報告の素材は、次の三点である。

①御所市の農村四校の小学校

本調査を行なったのは、奈良県の北西部にある御所（ごせ）市の農村にある四つの小学校である。一校ではサンプルが少ないので、よく似た環境にある近隣の四校を対象とし一括集計した。筆者はその一つに勤務していた。また、この地区の教員と論議した中身も盛り込みたい。

②香芝市のベッドタウンの小学校

調査の翌年度、そこから15キロメートルほど離れた香芝（かしば）市の小学校に転勤し、そこでも子どもたちの放課後の様子を観察・調査した。農家もあるがベッドタウンの特性が強い地域である。

③奈良、大阪、京都の教員たちとの論議

筆者の所属する研究会のメンバーで情報交流したので、比較のためにその内容も挿入したい。

〈学校（校区）による違い〉

放課後の子どもたちの様子は、学校によってずいぶん違う。5節でも述べられているように、本調査でも学校差が大きく出た。

前述した研究会で情報交換した時も、学校による違いがずいぶん出された。私たちが転勤した時、その学校によって子どもたちの様子が違うのに驚くことがよくある。例をあげると、京都の学研都市でクラスから何人もいわゆる有名私立中学を受験するような学校では遊んでいる子どもは少ない。同じ市内でも川をはさんで反対側の三世代同居の多い地域では案外進路に対してのんびりしていて子どもはよく遊んでいた。また、大阪で低所得者層が多く、要保護（就学援助）の割合が7割を超えるような地域では、当然教育上の課題を多く抱えているわけであるが、子どもたちはとてもよく遊んでいた。放課後の公園などで、集団で夕方遅くまで遊んでいる。女子もよく外遊びしている。「30年ほど前の子どもを見るようだ」とそこの教師は表現した。また、大阪市内の下町の運動場の狭い学校の子どもたちは、小さいボールで器用にサッカーをしている。

筆者の前任校は、学年の児童数が十人前後の小規模校だが、放課後運動場で遊んでいる子どもが多かった。ただし、全校の人数からいうとその割合はそれほど高くなく、本調査の数字が筆者の感覚にも合う。そして年によって子どもの遊ぶ様子が変化する。男子も女子も入り乱れて毎日バスケットボールに興じているような年もあれば、男子だけが野球をして、女子は運動場のまわりでお菓子を食べながらブランコに乗ったりしているような年もある。

今の学校は、全校四百人（学年七十人程度）の学校だが、放課後の運動場は野球をしている男子が中心である。詳しくは後述したい。

子どもの遊び空間

〈遊びの約束〉

本調査でも9割の子どもが学校で約束してから遊ぶとしているが、担任をしているとその様子がよく見て取れる。給食前後か帰りの会のころになると、その日の遊びの約束をしている。そこには子どもも間の微妙な人間関係が反映している。「今日遊べる?」「うんいいよ」……などとやっている。子どもなりにとても気をつかっているようだ。お目当ての遊び相手が見つかると、ほっとして帰って行く。断る時はやや婉曲に「無理」という返事を返す。遊ぶ約束ができずにしょんぼりと帰る子どももいる。とくに女子にとっては約束は大問題であるようだ。遊ぶのを断られたことが原因でトラブルになったりする。なお、女子は三人のグループでも、遊ぶ時は二人と決めて日によって相手を変えている例が見られる。三人で遊ぶとどうしても一人が「はみご」（仲間はずれ）になりやすいので、子どもなりの処世訓なのだろうが、こちらとしてはみんなで元気に遊んでほしい。

また、クラス替えで、それまで遊んでいた友だちとクラスが分かれると遊ばなくなって、同じクラスの友だちと遊ぶようになったということはよく聞く。

〈遊び場と遊びの種類〉

最近の子どもの遊び場と遊びの種類をおおまかな観察から述べたい。

①学校の運動場

・野球、サッカー…これは圧倒的に男子。スポーツ少年団チームに入っている子どもが中心。

・その他のボール遊び…小さいボールやソフトバレーボールなどで投げ合ったり、簡単なドッジボールをしたり。

・遊具…ブランコなど。女子や低学年。

・一輪車や竹馬…これは学校備品を使って遊んでいる。元のところにきちんと整理して返せば使ってよいことになっている。竹馬は鉄製の既製品。自作の竹馬で遊ぶ子どもは見ない。

・おにごっこなど…「こおりおに」「高おに」「色おに」などのおにごっこが人気。「缶けり」もするが、ペットボトルに砂を詰めたものなどで代用している。近頃の空き缶は、薄くて軽いので、壊れやすく、けっても飛びにくい。缶を「カーン」と音高くけり上げる魅力を子どもたちは知らない。

②公園

前任校の校区は農村地帯で子どもの数も少なく、公園で遊ぶ子どもはあまりいなかった。今の学校は住宅地帯にあるので、放課後の公園で遊ぶ子どもはいる。

・遊具…ブランコやすべり台。低学年の子ども以外に、保育所や幼稚園の子どもも遊んでいる。この場合、ベンチなどに保護者（母親）がいて見守っている。この時間帯の公園は、小学生にとっても安全な場所といえる。

・ボール遊び…狭い公園でもサッカーや野球のようなことをしている。遊具で遊ぶ子どもとの共存にも問題があるし、もう少し狭い場所に合った遊びを考えられないのかと思う。子どもの遊びの種類は確か

学校の運動場

公　園

に減っていると思う。
・エアガン…BB弾のエアガンで遊ぶのは、中高学年。当然、学校は禁止しているので、サブカルチャー的存在である。
③友だちの家
・テレビゲーム…ゲームをしていても会話がないかといえばそうではなく、歓声を響かせながらの集団遊びである。順番待ちのルールもある。順番を待っている子どもはゲーム画面を一緒に見て会話の輪のなかに入る場合もあれば、一人でマンガを読む場合もある。
・携帯ゲーム機…通信機能で友だちとキャラクターの交換をしたり、やりかたを教えてもらったり、これもそれなりの友だちとの交流はある。友だちの家の中だけでなく、運動場や公園の片隅でする場合もある。ビー玉の代わりに携帯ゲーム機といった感じである。
・カードゲーム…これも、家の中だけでなく、学校の体育館の軒下でやったりしている。
④道路など
車の通らない道路で遊ぶ子どもはあまり見なかった。ほとんどの道路が舗装されているので遊びの種類も限定されるのだろう。昔遊びのゴム跳びやケンパは見ない。

芝生の生えている土手で斜面すべりの遊びをしている子どもを見つけた。子どもらしくてほっとする光景だった。
⑤駄菓子屋
ずいぶん減ったが、今でも校区に一軒か二軒、駄菓子屋さんのような店がある。異年齢の子どもが

集う数少ない場所である。昔と違うのは店先にゲーム機が置いてあることである。

・十円菓子を食べる…ゼリーなどいろいろな種類の十円菓子が置いてある。なかには、冷蔵庫に入っているものもある。店にたむろして、財布から十円を出して一つ買っては食べる。

・UFOキャッチャー…一回百円で、数百円使ってしまう場合もある。店側にしたら利益率の高い商品である。

・カード売買…遊戯王などのプレミアつきカードを店に売ったり、買ったりする。

⑥コンビニ

校区内のコンビニにお菓子を買いに寄る子どももはいるが、中高生のように長時間たむろする子どもは見られない。

⑦デパート（スーパーマーケット）

女子数人が約束してアクセサリーを売っている店などをうろついたりしている。

道　路

土　手

駄菓子屋

気にかかる子どもたち

本調査で、地域差や学校差の分析が行なわれ、筆者としてはとても気になる結果が出た。それは筆者の担当した奈良の子どもたちの「生き生き感」がやや低いということである。当然ながら、これは「奈良県」の子どもたち一般の「生き生き感」が低いということではない。調査し一括集計した四校の数値である。また、この地域の子どもたちが総じて「生き生き感」が低いということでもない。「生き生き感」に欠ける子どもが他地域より少々多くなっているということである。それにしても、そこに身を置く筆者としては気がかりな結果である。学校が取り組むべき課題も考えていかなければならない。しかし、正直言うとその原因がすぐに思い浮かばなかった。子どもたちが荒れているわけではない。むしろ、温和でまじめな子どもが多いように感じられる。そこで、その地域の数人の教師とディスカッションして考察してみた。まず、他節と重複する部分もあるが、データから見ていきたい（調査した四校を表わす言葉として「奈良調査地区」を使う）。

〈「生き生き感」の低さと「くたびれ感」〉

「楽しい一日だった」や「明日もいいことがある」などの「生き生き感」の項目すべてで、奈良調査地区は低い数字になっている（表1－50）。また、「疲れやすい」「夜寝つかれない」などの「くたびれ感」の項目では高い数字になっている（表1－51）。

●表1－50　生き生き感

とても＋わりと・いつも＋時どき（%）

	楽しい一日だった	勉強を頑張った	たくさん遊んだ	明日もいいことがある	学校が楽しい	今，幸せ
奈良（4校）	34.1	17.2	38.8	14.2	53.4	45.2
全国平均	54.1	24.9	46.3	29.1	60.0	55.1
最大値校	69.7（群馬）	32.6（東京）	59.5（埼玉）	38.1（埼玉）	71.0（東京）	75.3（長野）

〈帰宅時刻と就寝時刻の遅れ〉

帰宅時刻は九時以降が2割を超えている。また、就寝時刻はほぼ5割が十一時以降になっている（表1－52）。起床時刻は平均的である。すると睡眠時間が短いことになる。平均すると七時間半程度になろうか。

「生き生き感」の低さの原因の一つとしてこの就寝時刻の遅さ（睡眠時間の短さ）はあげるべきだろう。子どもの寝つく時間を逸して十一時をまわり、「夜寝つかれない」「身体がだるい」状態になる。そして翌

●表1－51　くたびれ感

とてもそう＋わりとそう（%）

	疲れやすい	身体がだるい	夜寝つかれない	イライラする	朝おなかがすかない
奈良（4校）	55.6	37.3	45.5	32.8	40.3
全国平均	49.0	32.4	35.5	28.0	32.5
最大値校	28.4（長野）	16.0（長野）	24.6（長野）	19.5（長野）	22.0（群馬）

●表1－52　帰宅・就寝・起床時刻

塾などからの帰宅時刻（午後）　（%）

	5時前	5～6時	6～7時	7～8時	8～9時	9時以降
奈良（4校）	7.1	19.0	31.0	16.7	4.8	21.4
全国平均	6.5	18.3	28.7	24.4	12.1	10.0

就寝時刻（午後）　（%）

	8時前	8～9時	9～10時	10～11時	11～12時	12時以降
奈良（4校）	0.0	3.0	21.5	26.7	35.6	13.3
全国平均	0.9	8.3	27.3	35.1	20.3	8.2

起床時刻（午前）　（%）

	5時前	5～6時	6～7時	7～8時	8時以降
奈良（4校）	0.7	3.7	74.8	20.7	0.0
全国平均	0.7	8.8	61.2	26.1	3.1

朝は「朝おなかがすかない」状態になってしまう。

それでは就寝時刻の遅さはどこからくるのか。帰宅時刻の遅さだけが原因なのかどうかも追究しなければいけない。しかし、とりあえずの対策のポイントとして就寝時刻の改善は重要な項目である。

〈放課後の過ごし方〉

放課後、遊ばずに帰っている子どもが9割に近いが、これは後述するように安全確保のための集団下校との関連がある。家の中での遊びである「テレビ」「テレビゲーム」「マンガや雑誌」の割合が全国平均よりやや高いが、家の中で遊ぶ子どもの割合自体が高いわけではない。テレビ視聴時間がとくに多いわけでもない。「もっとテレビを見たい」子どもの割合は高い（表1－53）。

〈人数の少なさ〉

原因として考えられることをあげたいが、それがどの程度影響しているかについてはデータがないので論じられない。また、教師として学びがいのある楽しい学校づくりが子どもたちの「生き生き感」を向上させるのは当然のことだと理解している。そのうえで社会学

●表1－53　放課後の遊び

(%)

		奈良（4校）	全国平均
放課後すぐに帰った		89.6	74.2
どこで遊んだ	家の中	29.8	32.8
	中と外	28.2	14.4
	家の外	11.5	13.1
	遊ばなかった	30.5	39.7
家の中での遊び（よく+時どき）	テレビ	91.8	85.7
	テレビゲーム	54.2	47.4
	マンガや雑誌	76.7	65.9
もっとテレビを見たい（よく+時どき）		60.9	47.2

的にこの数値を生み出した環境を探ろうとするものである。

まず、子どもの人数の少なさが他地域と大きく違う。奈良調査地区はすべて学年単学級で、5・6年生合わせて四校、八学級の調査である。一学級平均、十七人ほどである。なかには七人の学級もある。少人数学級は教師の目が子どもに行き届きやすいということや、家庭的なふんいきがつくりやすいというメリットがある反面、子どもどうしの切磋琢磨や交流が少なくなる。放課後遊ぼうと思っても、遊び相手の数が絶対的に少ない。また、近くに遊び友だちがいない子どもが多い。近所まで歩いて「〇〇ちゃん遊ぼう！」と元気に声をかけたりすることがしにくい環境にある。

また、単学級の場合、クラス替えがないので1年生あるいは保育所からほとんどクラスのメンバーが同じである。そのため小さいころにできた人間関係や序列が固定してしまい、閉塞感が生まれやすい。

〈家庭環境〉

三世代同居の家がほとんどである。経済的な基盤も安定している家庭が多く、子どもたちは温和で素直な子が多い。学校の学習や行事にもまじめに取り組むふんいきがある。この点に関してとくに問題点は見つからない。進学熱は、学校によって少し違う。学年で一名が中学受験するかしないかという学校もあれば、もう少し多い学校もある。なお、塾は遠方にある場合が多く。親が送り迎えするが、午後九時に終了しても帰宅は九時三十分ぐらいになる。

〈**学校行事**〉

秋調査の十月は落ち着いて学習に取り組める時期には違いないが、運動会の疲れと、市の音楽会の練習や修学旅行の準備があってやや多忙な時期でもある。

また、後述するが、不審者対策などの安全指導を学校はくり返しているが、これは子どもたちにとって気の重いことであるのは確かである。

〈**子どもたちの様子**〉

その年のふんいきによっても違うが、十年ぐらい前は放課後の運動場で、男女混ざってよく遊んでいたものだが、最近はそういうことが減ってきている。また、われ先にリーダーシップをとって何かを自主的にやっていこうというふんいきが少ないという感じもある。子どもたちの「生き生き感」の低下は私たちにも感じられる。

教育だけでは解決できない要因もあろうが、子どもたちと日々かかわるために、学校ができることは多くある。問題が鮮明になったことを逆に糧として調査結果を生かしていくべきである。

〈**児童被害事件の頻発と安全の問題**〉

児童が被害となる事件の頻発、とくに二〇〇四年十一月の奈良の女児誘拐殺害事件が学校現場に与えた影響は大きい。犯人が見つからない段階では、多くの学校が集団下校を実施した。容疑者が逮捕されたあとも、学年一斉下校、教師による下校パトロールなどなんらかの形で安全対策は継続されている。子どもは放課後そのまま学校に残って遊んでから帰ることはできない。また、一人の外遊びはしないように呼びかけ、不審者に気をつけるようくり返し指導している。

子どもたち自身にそれで放課後の生活が変わったかと聞いたことがある。ほとんどの子どもが「変わっていない」と答えた。

しかし、学校と教師の仕事に劇的な変化をもたらしているのは事実である。学校が現場となる事件も頻発したため、学校は安全対策として授業時間中は校門に施錠する。保護者ですら気軽に入れない。職員はホイッスルのついた名札を首からぶら下げる。子どもを放課後残して一人帰らせるようなことはできないのである。学校によっては、下校後校門を閉めて、校庭開放すらやめているという。

児童の生命保護の観点から、これらの安全対策は当然と言えば当然だ。一般社会に比べるとまだまだセキュリティーに甘い点がある。それは認めつつも、はたして何の検討もなしに学校をこんなに変えてしまっていいのだろうかと感じる。筆者の二十五年の教師生活のなかでもこの一、二年の変化は劇的である。学校が気軽に集える場ではなくなっていきつつある。安全対策のため学校のよきものをあまりにも簡単に失おうとしている。研究者も含めた検討が必要なのではないだろうか。


〈放課後の生活時間調査から〉

本調査で明らかになってきた子どもの姿をもう少しミクロ的な視点で追究するために、子どもたちに協力してもらって、生活時間調査を実施した。調査手続きは以下の通りであるが、個人情報保護のため学校名は伏せ、また、論旨に影響しない部分でわざとデータに改変を加えた。

・調査内容　月曜日から金曜日まで放課後何をしたかを、翌日（金曜日の場合は翌週）に学校で記入。
・学年　5年生
・時期　二〇〇五年六月中旬

①一人型

放課後、友だちとの遊びはなく、一人であるいは兄弟と過ごしている例である（図1－8）。

②集団遊び

図1－9の集団遊び①②は家の中、集団遊び③は公園で遊んでいる。また、集団遊び①のように二～三人で遊ぶケースと、集団遊び②③のように、五人以上で遊ぶケースがある。

③曜日による違い

図1－9の集団遊び③の子どもの一週間を一覧にしてみたのが図1－10である。木曜日には友だち五人と外遊びしているが、月・火曜日には二～三人で遊び、金曜日には一人でマンガを読んでいる。遊ぶ相手がいない曜日なのだろうか。実際、公園の様子は曜日によっ

<一人型①>
6月9日（木）　放課後の天気（晴れ）

いつ	何をした	どこで	だれと
（午後）4時～5時	ゲーム	家	1人で
5時～6時	遊んだ	外	1人で
6時～7時	勉強	家	
7時～9時	テレビ		
9時～10時	夕食		家族で
10時～11時	風呂 夜食		
11時～12時	寝る		

<一人型②>
6月9日（木）　放課後の天気（晴れ）

いつ	何をした	どこで	だれと
（午後）4時	のんびり風にあたる		1人で
	前の友だちに手紙を書く	自分の部屋	
5時	明日の用意		
	テレビ	リビング	弟
6時～7時	遊ぶ	外	弟
7時～8時	夕食	リビング	家族
8時～9時	風呂		
9時～10時	テレビ	リビング	家族
10時～12時	寝る		

●図1－8　一人型

＜集団遊び①＞
6月13日（月）　放課後の天気（晴れ）

いつ	何をした	どこで	だれと
（午後）4時			
5時	遊ぶ	Aさんの家	AさんとBさん
6時			
7時	夕食	自分の家	AさんとBさんとおねえちゃん
8時	宿題		
9時	風呂		
10時	テレビ		
11時			
12時	寝る		

＜集団遊び②＞
6月9日（木）　放課後の天気（晴れ）

いつ	何をした	どこで	だれと
（午後）4時			
5時	遊ぶ	私の家	C・D・E・F・Gちゃんたちと
6時			
7時	勉強	自分の部屋	
8時	エレクトーンの練習 ゲーム テレビ・ごはん テレビ		
9時	風呂 テレビ	リビング	母父妹と
10時			
11時	寝る		
12時			

＜集団遊び③＞
6月9日（木）　放課後の天気（晴れ）

いつ	何をした	どこで	だれと
（午後）4時			
5時	遊ぶ	3丁目の公園	友だち5人
6時	夕食	リビング	家族全員
7時	風呂		
8時			
9時	テレビ	リビング	妹と
10時	歯みがき		
11時	寝る		
12時			

●図1－9　集団遊び

て違っていて、小学生が大勢遊ぶ日と、幼児と保護者だけがいる日がある。

④塾通い

図1－11は長時間の塾通いをしている子どもの例である。塾やスイミングがあって忙しいが、時間をみつけて友だちと遊んでいることがわかる。宿題や勉強もしている。ただ、就寝時刻が遅いのが気

いつ	月	火	水	木	金
(午後)3時					
4時	遊ぶ(友だち2人)		サッカー練習 ↓		
5時		遊ぶ(友だち1人)		遊ぶ(友だち5人)	マンガ
6時	宿題		家に帰る	夕食	夕食
7時	夕食	宿題	夕食	風呂	風呂
8時	ビデオ		サッカーの試合を見る	テレビ	マンガ
9時	風呂	夕食 風呂	歯みがき		
10時				歯みがき	
11時	寝る	寝る	寝る	寝る	寝る
12時					

●図1－10　曜日による違い

いつ	月	火	水	木	金
(午後)4時	野球(友だち)		遊ぶ(友だち)	ゲーム(ひとり)	勉強
5時		遊ぶ(友だち)		遊ぶ(ひとり)	
6時				勉強	
7時		スイミングスクール			
8時	塾	夕食	塾	テレビ	塾
9時				夕食	
10時		テレビ		風呂	
11時	風呂	風呂	夕食	夜食	風呂
12時	寝る	寝る	風呂 勉強 寝る	寝る	寝る

●図1－11　塾通い

にかかる。月曜や金曜日の夕食は塾の休憩時間におにぎりなどで済ませているらしい。

塾通いの是非は単純には論じられない。ただ過重すぎる場合は問題が生じやすいようである。とくに夜十時を超えるまで塾に行っている子どもはどうしても寝不足になり、翌日の学校生活にさまざまな支障をきたすことが多い。

⑤パソコン

図1－12の子どもは、毎日帰ったらすぐパソコンに向かっている。三十分から一時間パソコンをさわるのがこの子どもの日課である。この一週間では友だちと遊んだ日はない。また、この子どもの特徴として毎日夕食の手伝いをしている。この子どものように一時間ほど毎日手伝いをしている子どもは他にはいなかった。

まとめ

子どもの育ちの機能をもっていたといわれる「古きよき時代」の異年齢による集団遊びが完全に喪失したかと

いつ	月	火	水	木	金
(午後)3時	パソコン				
4時	塾	パソコン	パソコン		パソコン
5時	テレビ	宿題 ご飯の用意	ねころんでいる	パソコン テレビ	テレビ
6時	ご飯の用意	夕食		ご飯の用意 夕食	ご飯の用意 夕食
7時	夕食		ご飯の用意	宿題	宿題
8時	勉強 風呂	宿題 寝る	夕食	風呂	風呂 パソコン
9時	勉強 寝る		宿題 風呂	寝る	寝る
10時			寝る		
11時					
12時					

●図1－12　パソコン

いうと、それによく似たものは目撃できたし、また、学校によっては比較的よく遊んでいる場合もある。しかし、それが全部の子どもに及んでいるかというとそうではない。はつらつとして校庭で元気な姿を見せてくれる子どもはめだつが、調査によって、大人のようにややくたびれている子どもたちも少なからず存在していることがわかる。現場の教師は、何らかの働きかけができないか考えていきたいものである。

2章 子どもの放課後をどう考えるか

1節 いま、子どもの仲間集団は

1 学会調査の結果から

今回行なわれた学会調査から子どもたちの仲間集団の実態を浮き彫りにしてみよう（表2－1）。調査は、二〇〇四年一月下旬～二月中旬（冬調査）と同年九月～十一月（秋調査）に実施されたが、重複する質問項目もあるので、秋調査は［　］内に示した。対象は小学5年生および6年生である。なお、以下では「友だち」と「仲間」を区別しないで考察する。

学校から帰宅後に子どもたちが仲間集団を形成して遊ぶ姿は見られなくなってしまったといわれて久しい。この調査結果も同様の結果を示している。帰宅後に友だちと遊んだのは3割程度だし、その

●表 2－1　子どもたちの実態

（数字はパーセント，［　］内は秋調査）

	＜全体＞	＜男子＞	＜女子＞
①放課後学校に残って遊んだか			
すぐに帰った	73.6 [74.2]	80.0 [77.9]	67.2 [70.5]
遊んだ／30 分くらい以下	22.8 [19.3]	16.6 [16.0]	28.8 [22.8]
1 時間くらい以上	3.6 [6.5]	3.4 [6.1]	3.9 [6.7]
②学校から帰宅後友だちと遊んだ	27.6 [32.8]	34.3 [39.1]	20.9 [25.9]
③遊んだ場所			
家の中	37.9 [32.8]	42.1 [36.4]	33.6 [29.0]
家の中と外の両方	10.7 [14.4]	13.2 [17.0]	8.1 [11.7]
家の外	11.4 [13.1]	14.6 [16.8]	8.1 [8.9]
④学校での仲良しグループについて			
仲良しグループがある	82.7	78.7	86.6
グループの人数			
2 人	8.9	4.4	13.0
3 人	18.9	15.6	21.9
4 人	21.7	19.7	23.5
5 人	18.6	19.7	17.6
6 人	10.4	11.1	9.7
メンバーの性別			
男だけ，女だけ	95.0	95.6	94.4
⑤仲良しグループとの遊びについて（週に何度かはよく遊ぶも含む）			
週に何度か	41.6	47.0	36.3
たまに遊ぶ	29.1	22.6	35.6
ほとんど遊ばない	24.0	12.0	16.1
⑥学校が終わってから家の中でしたこと（よくする、ときどきするの合計）			
テレビを見る	[85.7]	[85.5]	[86.3]
マンガや雑誌を読む	[65.9]	[65.2]	[66.6]
本を読む	[39.5]	[36.6]	[42.7]
テレビゲームをする	[47.4]	[65.0]	[29.1]

遊びも家の中での遊びで、「テレビを見る」「マンガや雑誌を読む」「テレビゲームをする」というものである。だから友だちと一緒にいても、それは同一空間にいるというだけで集団行動としての遊びをしているわけではない。

こうした調査結果から今日では子どもの仲間集団は衰退したとか、消滅したと言われ、仲間集団による社会化経験は乏しくなってしまったといわれてきたのである。確かにどのような調査であっても、近年の調査結果は同様の傾向を示しているため、それはもはや確認された事実であるといってよい。しかしながら、子どもの仲間集団の衰退とか消滅といっても、その意味は、子どもの仲間集団がまったく形成されなくなってしまったということではなく、子どもたちが仲間と一緒に集団を成して遊ぶことが少なくなったという現象を指している。これには二つの意味がある。仲間との集団的な遊戯活動の時間の減少と仲間集団形成の頻度の減少である。一九六四（昭和三十九）年の調査[☆1]によれば、小学5年生の屋外での遊び時間の平均は男子が一時間三十五分、女子が一時間六分、屋内でのそれは男子が二時間三十六分、女子が二時間十六分であるから、当時の子どもたちは一日三時間半から四時間あまり遊んでいたわけである。屋外遊びに限っても一時間から一時間半である。今回の学会調査は、この調査と同じ質問文ではないが、今日の子どもたちの遊び時間、それも屋外での遊び時間が大幅に減少していることを端的に示している。また一九六四（昭和三十九）年調査の遊び時間は一日平均であるため子どもたちは毎日遊んでいたわけである。しかし今回の学会調査によれば仲間との遊びは「週に何度か」が4割、「たまに遊ぶ」が3割となっている。子どもの仲間集団はメンバーは固定的だが、そのつど子どもたちが寄り集まって形成される集団であるから[☆2]、子どもたちが寄り集まる頻度が今日では大幅に減少しているわけである。毎日のことなら既成事実化してしまうので約束の必要はないが、随時となれば約束が必要となる。だから遊ぶ時には、子どもたちは前もって「学校で約束」したり（9割）、「電話で約束」（5～7割）して遊ぶのである。

このように今日の子どもたちは仲間と一緒に集団を成して遊ぶ時間も集団形成の頻度も少なくなってきたために、人々は日常的に子どもたちが集団で遊ぶ姿を見ることがなく、子どもの仲間集団は衰退したとか、消滅したといわれるのである。[☆2]

2　子どもの仲間関係の希薄化と仲間集団の衰退化

子どもの仲間関係の希薄化と皮相化

それでは、今日の子どもたちの仲間関係はどうなっているのだろうか。集団は成員間の相互関係が型式化するところに成立する。初めにNHK番組ホームページ掲示板に掲載された、最近の子どもたちの仲間づきあいの体験談から小学5・6年生を中心にいくつかの意見を抜き出してみる。[☆3]

（A）私が学校の友達に本音を言えない理由は、もし私が本音を言って友達がその言葉できずついたらそのことが原因でけんかになってしまったらいやだし、またそのことでいじめにあったらいやだから本音をいわずに友達に合わせたりします。

ルナ　11歳　女［福岡県］

（B）友達には本音を言えません。リーダー格の人には絶対に本音を言えません。みんなに仲間はずれにされるのが怖くて言ったことなんてない。だからいつの間にか、みんなに話をあわせてみんなから好かれるお人好しになっている……。

いちご　11歳　女［埼玉県］

（C）私は、小さいころから自分の気持ちを、友達に言えないタイプでした。今も、あんまり言えず、言おうとしても後の事を考えちゃって……。ずーっと仲良くしてたいから、友達に合わせちゃうし、何かだんだん友達といると疲れちゃうから、このごろは、一人でいるのが多いけど、とっても不安だし怖い。

飛夏梨　12歳　女［神奈川県］

（D）友達になんて本当のことはいえない……。友達だって表ではいい顔しているけど、心の中では何思っているか解らないし。私だってそう。顔では笑ってるけど、心の中ではウザイとか思う時だってある。友情なんてもろいものだよ。きっと。

花桜梨　13歳　女［埼玉県］

（E）私は、友達には言いたい事は言えません。友達に言いたいことをはっきり言ってしまうと、次の日、言いたいことを言われた子が私のことを無視したり、仲間外れにするんです。私は、友達に、仲間外れにされたくもないし、そこで友達関係が崩れる事にでもなってしまったらとかんがえると、とても恐くなります。なので、私は友達にはきっぱりと言いたい事がいえません。

マメさん　13歳　女［千葉県］

（F）気を遣う事なんて毎日だし。友達なんかいらない。欲しいと思わない。でも一人は寂しいから作る。みんなが一人でいるんなら友達なんか作らない。こんな事思うなんて今の時代は普通……。

アヒルの子　13歳　女［北海道］

このNHK番組ホームページ掲示板に意見を寄せた子どもたちはほとんどが女子であったから意見に偏りがあるが、これを補うものとして表2－2のような友だち関係の調査がある。[☆4]学会調査に合わせるために小学5・6年生のみを取り上げる（度数と比率から再集計した）。こうした子どもたちの自由な意見や調査結果から最近の子どもたちの友だち関係、仲間関係の様相を垣間見ることができる。

ところで、集団とは、簡略に整理してしまえば、①複数の成員からなること、②その複数の成員間に相互作用があること、③その複数の成員間に相互依存・協力があること、が条件とされている。[☆5]成員はそれぞれに欲求をもっているが、その個々の成員の欲求から共同関心が生じ、共同目標が生まれ、その共同関心や目標に向かって成員は相互依存・協力する。そして相互依存・協力があるから相互作用は持続し（持続性）、また相互作用を持続していくから共通の態度が生まれ、その態度を共有するようになる（規範）。そして成員は相互に同じ仲間とみなされ（一体感、連帯感）、一つのまとまりをもった形としてみなされるようになる（統一性、境界性）。論理的に言えば、自己の欲求を充足するために成員は相互に依存し、その相互作用が反復・持続するところから社会関係が生まれ、その社会関係が堆積することによって一つの機能的単位としての社会集団が形成されるというわけである。

●表2－2　「学校の友だち関係でどんなことがありますか」への回答

かなりある＋まああるの合計（%）

	男子	女子
①友だちの顔の様子や態度，しぐさを気にすること	43.9	54.5
②友だちに合わせてばかりいること	37.8	45.5
③本当の自分をみんなの前に出せないこと	38.4	38.6
④言いたいことをがまんしていること	42.7	45.9
⑤長い時間ずっと一緒にいると，疲れてしまうこと	34.8	37.2
⑥趣味やノリが合わないと感じること	32.3	37.3

さて、子どもたちの友だち関係についての体験談や意見を見ると、最近の子どもたちは、先に引用したように、仲間はずれにされて自分だけが孤立してしまうことに非常な不安と恐怖を抱いている。友だちとはいえ心の中では何を考えているかわからないから本音を話さない、いや話すことができないのである（A～E、表2－2④）。本音を話しても裏切られるかもしれない、本音を話した相手の友だちから嫌われるかもしれない、本音を話して友だちとの間が気まずくなるのも嫌だし、自分だけが浮いてしまって仲間はずれにされないとも限らない、あるいは本音を話したために仲間からいじめられるかもしれないと思っている。友情なんてもろいものなのだ。しかしだからといって友だちがまったくいないというのも困る。友だちをまったく信頼していないけれども、孤立することに不安と恐怖を感じている。そこで本音を話さずに自己の内面に閉じこめたまま（A～E、表2－2③）、友だちに調子を合わせて表層的に繋がっているだけなのである（A～E、表2－2①、②）。皮相的な関係である。こうなると相互依存的な関係とは言い難い。社会関係が成員相互に期待されることによって成り立つ持続的な相互作用とするならば、今日の子どもたちの仲間関係はもはや相互期待のきわめて希薄な、かつ皮相的な関係でしかないため、持続の可能性も希薄であり、同じ仲間とみなされるような一体感や連帯感もない。友だちと呼びながらも、子どもたちはその友だちをまったく信頼していないのであるから、もはや友だちとの関係のなかで自己の欲求を満たそうとは思っていない。「友達なんかいらない」「欲しいと思わない」（F）のである。かえって「友達に合わせるから何かだんだん友達といると疲れる」（C、表2－2⑤）ほどである。だから友だちとの間に共同関心が生まれたり、共同目標が生まれることはなく（表2－2⑥）、したがって相互依存・協力もない。子どもたちの共同関心とか共同目標というのは、言うまでもなく集団的遊戯活動のことである。しかし共同関心とか共同目標が生まれないから、たとえ仲間と一緒にいても「何をして遊んだらよいのかわからない」のである（冬調査48・6％、秋調査40・0％。ただし「よくある」「ときどきある」の合計）。とすれば、今日の子どもの仲間集団は、成員間に相互依存・協力の認知がないため、先に述べたような集団の条件を欠いているのである。集団成立の契機となる要素が備わっていないのである。子どもの遊戯活動とはいえ、集団活動である限り成員の最低限の同意あるいは一致を前提とする。そうでなければ相互依存・協力は生まれない。子どもの仲間集団の衰退化である。子どもの仲間集団の消滅、あるいは子どもの仲間集団の崩壊といってもよいだろう。

子どもの仲間関係は、対等性と自発性と親密性を特徴とする関係である。同世代の子どもどうしの関係であり、また同世代という親近感から親密感を抱きやすいが、しかしその関係形成は個々の子どもの自由意思にまかされた自発的なものであるため外的拘束力は弱い。それだけに仲間関係の結合度は個々の子どもの欲求に大きく依存している。だから仲間に対する欲求が希薄ならば、仲間関係はまったく成立しない。

子どもの仲間集団の衰退化

では、なぜこれほどまでに今日の子どもたちの仲間関係は希薄化してしまったのか。それは一つには、友だちに対する不信である。「友達だって表ではいい顔しているけど、心の中では何思っているか解らない」（D）。だから言いたいことを言っても友だちが「自分（私）のことを無視したり、仲間外れにする」（E）かもしれないし、自分が「いじめにあう」（A）かもしれないのだ。だから「友だちの顔の様子や態度、しぐさを気にし」（表2－2①）つつ自分一人が孤立してしまわないように「言いたいことをがまんしている」（表2－2④）のである。本音を言ったことで「友達が傷ついたり、友達とけんかになったりするのもいや」（A）だし、「友達関係が崩れる事にでもなってしまったらとかんがえると、とても恐く」（E）なるのである。いつ悪口の対象、いじめの対象になるかもしれないという不安、そしてその悪口を友だちが言い出すかもしれないし、その友だちが自分をいじめの対象にするようになるかもしれないという不安。だから友だちに逆らわないように友だちに合わせてついていくのである。「友だちに合わせてばかりいる」（表2－2②）のだ。実際、クラスのなかの人が急に悪口の対象になったり、いじめの対象になったりという事実を目の当たりにしている（G）。

（G）一定期間ごとに、嫌われている女子が変わります。嫌われると、悪口を言われます。ものすごい量の。それをみんなで言っている自分が嫌いです。でも、そんな悪口言われたくないし……。

アガリ　15歳　女［鹿児島県］

（以下略）

だから友だちといっても何を考えているかわからない。その友だちがいつ裏切るかわからないし、いついじめる側に回るかもわからない。そのために友だちだといっても本音を話せないのである。いわば自己開示の制限である。

子どもたちの仲間関係が、こうした皮相的な関係に留まっているもう一つの理由は、仲間が自己を肯定してくれないのではないかという不安を子どもが常に抱いているということである。不信が相手の、仲間の側の問題であるとすれば、この問題は当の子ども自身の側の問題である。子どもの社会化過程、すなわち子どもの自我意識の発達過程がスムーズに進行し、社会に適応的に発達していくためには、子どもを取りまく多くの重要な他者との肯定的な関係が必要である。子どもは周囲の、重要な他者との肯定的な関係のなかで自己を承認され、肯定的に評価されねばならない。そうした承認、肯定的評価によって子どもは自己確認をし、安定感を得て、自己を確立していく。しかしだからといって肯定的関係ばかりでは自我意識は正常に発達しない。自我意識が正常に、つまり適応的に発達するためには、その発達の方向を適宜修正する機会がなければならない。そうした修正の契機が他者からの否定的評価なのである。他者から否定的に評価されることによって子どもは自己と他者の評価との間にギャップを感じ、混乱するが、しかしそれは子どもにとって自己の別の側面について認識する機会となるのである。言い換えれば、そのように否定的に評価した他者のパースペクティブの存在を知ることになるのである。と同時に否定的評価は自己の進行を遮断することになるため、そのことによって自己の境界を知ることにもなる。子どもが自我意識を発達させていくためには、社会には相異なる他の人のパースペクティブが存在していることを知り、それを考慮して、自己を調和的に統合化していかなければならないが、この自己に対する否定的評価は自分自身以外の、相異なる、あるいは対立的なパースペクティブを知る機会となるのである。そうした否定的評価は自己の狭い見方や偏見、限界を解放し、より広い、そしてより客観的なパースペクティブへと転換させていく機会となるのだ。自己の境界を拡大させていくわけである。こうしたプロセスを経て自我意識は発達していく。もちろん適度の否定的評価が必要だとはいえ、それは子どもの、それまでの肯定的評価を全面的に覆すような、あるいは子どもの自己確認を全面的に拒絶してしまうような一切合切の否定、拒否ではない。肯定的な関係のなかで発達してきた子どもの自我意識を適応的な方向に修正するような、いわば限定的な否定的評価である。

しかし今日の子どもたちは、これまでの発達過程において、そうした否定的関係や拒否的態度に遭遇した経験がまったくないのではないか（友だち親子の増加、親の過保護、叱らない親）。そのため今日の子どもたちは友だちからの否定・拒否に遭遇すると、それをその場限りの限定的な否定・拒否だとは思わずに、眼前に立ちはだかる遮断物のようにみなして、現在の自己の全面的拒絶のように極端な解釈をしてしまうのではないだろうか。そしてそのように解釈してしまうのは、また、それまでに否定・拒否の経験がないがゆえに、否定・拒否を自己のなかに調和的に統合していくという能力が身についていないからである。そのため自己を全面的に拒絶するのではないかと思われるような友だちの否定・拒否に遭遇しそうな場面をあらかじめ回避しようとするわけである。そのために「友だちに合わせる」（A、B、C、D、表2－2②）のである。「友だちに合わせる」というのは友だちからの否定・拒否の回避なのである。しかし正確にいえば、それは友だちからの明確な否定・拒否の回避というよりも、自己を肯定してくれないことに対する不安の回避といったほうがよい（H）。

（H）私の本音を親しくない友達にぶちまけるなんて、恐くて出来ない。信頼できる友達を探すのに、かなり苦労をする。「この人なら……」と思った人に喋って、もし笑われたらどうしよう？　そんな気持ちになる……。私の真剣な声を「意味がわからない」で終わらせられたらどうしよう？ 本音を話すのは難しい。

Dolph・in　13歳　女［埼玉県］

笑われたらどうしよう、意味がわからないと言われたらどうしようというのは、友だちの明確な否定・拒否というのではなく、友だちが自己を肯定してくれないのではないかという漠然とした不安である。だから「友だちの顔の様子や態度、しぐさを気にする」（表２－２①）のである。こうした漠然とした不安は明確な否定・拒否とは異なり、自己の境界を明確に遮断することにもならず、したがって対立的なパースペクティブを形成するわけでもないため、子どもに自己の境界を明確に認識させることにもならない。笑われたらどうしよう、意味がわからないと言われたらどうしようという不安を回避するために「友だちの顔や態度を気にし」、「友だちに合わせる」というのはまさに皮相的な、かつ表層的な関係でしかない。そこには友だちとの共通関心に基づいて集団的活動へと導くような動因は見られない。子どもの仲間集団の衰退化、あるいは仲間集団の消滅、崩壊といわれる由縁である。

3　現代社会の子どもの社会化過程

子どもの仲間集団の変容

子どもの仲間集団は、同世代の仲間がある共通の関心を契機にそのつど寄り集まって形成する小集団である。そこで集団形成の頻度と集団成員の相互関係という、いわば量と質を軸に仲間集団をタイ

プ化してみよう。集団成員の相互関係とは仲間との関係が親密か否かということである。そうすると、

（Ⅰ）仲間関係が親密か否かにかかわらず、仲間集団形成が頻繁なタイプ
（Ⅱ）仲間関係が親密な故に仲間が寄り集まる頻度が高く、集団形成が頻繁なタイプ
（Ⅲ）仲間関係は親密だが、寄り集まる機会がなく集団形成が容易でないタイプ
（Ⅳ）仲間関係が希薄なために集団の成立が困難なタイプ

となる。

ところで、子どもの仲間が寄り集まって集団を形成する契機となる共通の関心事には二つのことがある。①ある特定の集団的遊戯活動と、②親密な仲間との相互の活動や交渉である。筆者は、①を契機に形成される仲間集団を活動集団、②を契機に形成される仲間集団を交友集団と呼んでいる。[☆2] 活動集団は、成員である仲間相互が親密か否かは問わない。たとえ親密な関係でなくても共通の関心事である特定の集団的遊戯活動に対する興味・関心が強ければ、子どもたちは寄り集まって集団を形成し、集団的遊戯活動に興じる。野球に関心のある子どもたちは、たとえ拒否関係にある仲間であっても、寄り集まって野球の仲間集団を形成するのである。野球はある程度の人数を要する集団的遊戯だからである。しかし仲間相互が親密か否かは問わないが、活動集団の場合の関係は変化しやすく、同質の関係が長期にわたって持続するとは限らない。これに対して交友集団は親密な仲間だけから構成される仲良しグループであり、親密な仲間との交渉自体を目的に寄り集まって形成されるタイプの仲間集団である。

どちらのタイプの仲間集団であっても、かつての仲間集団は頻繁に寄り集まって集団的活動に興じ

ていた。先に述べたように、一九六四（昭和三十九）年の調査☆1によれば、小学5年生でも一日三時間半から四時間あまり遊んでいたし、小学3・4年生で「遊ばない」のは男子1・9％、女子0・7％にすぎない。集団的遊戯活動に興じるのは活動集団だけではない。交友集団であっても仲間との交渉を楽しむために実際には何らかの集団的遊戯活動に興じる。したがってタイプ（Ⅰ）は活動集団、タイプ（Ⅱ）は交友集団となる。（Ⅰ）は、仲間関係は親密ではなくても集団的遊戯活動が子どもたちの共通関心・共通目標になり、その集団的遊戯活動が子どもたちを寄せ集め、集団に参加させる吸引力になっていたというタイプの仲間集団である。

しかし地域での遊び場所の減少、テレビ視聴の増加とテレビゲームの勃興といったように集団的遊びから個別的遊びへの変化によって、集団的遊戯活動の機会は減少し、子どもたちが「外で思いっきり遊びたい」と思っても（冬調査67・1％、秋調査64・2％、ただし「よくある」「ときどきある」の合計）、実際には遊べなくなった。つまりタイプ（Ⅰ）の活動集団は衰退化してしまったのである。またタイプ（Ⅱ）の交友集団は、子どもたち自身の生活スタイルの変化（通塾、帰宅時間の遅れなど）によって遊ぶための共有時間をもつことが困難になり、毎日遊ぶことができなくなってしまった。そこで頻繁ではないが、遊ぶ約束ができた時に仲間と一緒に「たまに遊ぶ」わけである。それも最初に見たように、学校から帰宅後に短い時間しか遊べないため、その間に手軽にできるような遊び、例えばテレビを見る、マンガや雑誌を読む、テレビゲームをするといったような遊びをするのである。こうした手軽な遊びを親密な仲間と時どきして遊ぶというのが最近までの仲間集団のタイプであった。これがタイプ（Ⅲ）である。このタイプはいまだ仲間との親密性を集団形成の契機としているため頻度は低くても集団を形成する。

しかしこれまで見てきたように、子どもどうしの仲間関係は希薄化し、そしてまた子どもたちを寄せ集め、集団に参加させるような吸引力をもった集団的遊戯活動も、今日ではそれが可能な遊び場所がなくなってきたため、実際には困難となり、したがって仲間集団も形成されなくなってしまったのである。仲間集団形成の契機である集団的遊戯活動も仲間相互の親密性も失われて、子どもの仲間集団は衰退化してしまったわけである。

しかし仲間集団はまったく消滅、崩壊してしまったわけではない。これまで見てきたように、子どもたちの仲間関係は希薄化したものの、皮相的な、表層的な関係で繋がっているため、その場限りでの集団が形成される。「友達関係が崩れる事にでもなってしまったらとかんがえると、とても恐くなる」（E）し、「趣味やノリが合わないと感じること」（表２－２⑥）があっても、ともかく「友達に合わせている」（A、B、C、D、表２－２②）のであって、その限りで集団を形成しているわけである。タイプ上辺だけの皮相的な、いわば表層的仲間集団といってよいだろう。これがタイプ（Ⅳ）である。タイプ（Ⅲ）の仲間集団は仲間関係は親密だが、共有時間がないがゆえに集団を形成してもごく短い時間であった。しかしタイプ（Ⅳ）の表層的仲間集団は、仲間関係が皮相的で、長い時間仲間と一緒にいると「疲れてしまう」（C、表２－２⑤）ので、短い時間しか一緒にいられないということもある。

このように考えてくると、子どもの仲間集団のうち活動集団（Ⅰ）は消滅したが、交友集団は（Ⅱ）→（Ⅲ）→（Ⅳ）のプロセスをたどって表層的仲間集団（Ⅳ）へと変化してきたと言えるだろう。

子どもの仲間集団経験の喪失と社会化の問題

子どもの仲間集団はもともと葛藤集団であるといってよい。子どもは仲間集団に参加する以前に家族のなかですでに基礎的な社会化を受けている。だからそれぞれの家族での社会化経験を背景にして子どもたちは寄り集まり、仲間集団を形成するのである。したがって寄り集まった子どもたちはそれぞれの社会化経験に基づいた価値、規範、そしてパースペクティブをもっているため、当然のことながら相互に意見が異なり、欲求は対立する。だから互いに相手の意見を否定し、相手の欲求を拒否し、自己の意見・欲求を押し通そうとする。しかし集団的遊戯活動を継続しようとすれば、あるいは仲間と一緒にいたければ、他の仲間の、異なったパースペクティブをも考慮しなければならないことに気づく。こうした否定的関係を経験することによって子どもは仲間の、異なったパースペクティブを考慮に入れ、自己を調和的に統合化していくのである。こうしたプロセスを経て、子どもは自己を確認しつつ自己を強化するとともに、自己の狭いパースペクティブや限界を解放し、より広い、より客観的なパースペクティブへと転換させていくのである。社会化の修正である。しかもその修正の過程は自然なプロセスのなかで行なわれる。これが子どもの仲間集団のもっとも特徴的な機能である。

しかし今日の子どもたちが仲間集団経験を喪失しているとすれば、仲間集団のなかでの否定的関係や拒否的態度に遭遇する機会はない。しかもすでに述べたように、今日の子どもたちは仲間集団に参加する以前の発達過程においても否定的関係や拒否的態度に遭遇した経験がほとんどない。それゆえに仲間の否定・拒否に耐えられず、本音を言わずに、つまり自己の内面を開示せずに仲間との皮相的な関係を表面上保持してきたのである。だから今日の子どもは仲間集団のなかでの否定・拒否を経験することもないし、また仲間集団参加以前の発達過程においても否定・拒否の経験がないため、そうした否定・拒否のない安穏な肯定的関係が日常なのである。だが、そうした安穏な肯定的関係の日常化が今日の青少年問題の一端にかかわっているのではないだろうか。子ども期の問題は次の発達段階の青少年期において現われる。紙数の関係もあるので、ここでは二点だけ指摘しておく。

①　周囲の人々からの明確な否定・拒否の経験がないため子どもは自我の限界を認識できず、それゆえ自我意識を適応的に発達させることができず、子どもの自我は狭隘なままに留まってしまうということである。自己とは異なった、あるいは対立的なパースペクティブを考慮に入れ、自己を調和的に統合化していく能力を形成していく機会がないため確固とした自我を確立することができない。よく言われる青少年の「ひ弱な自我」である。

②　自己肯定、自己承認という子どもにとっては安定的ではあるが、安穏な肯定的関係が日常化しており、逆に肯定的に評価されない、または肯定的に承認されないことに対する不安が大きく、したがってそのような場面から逃避的になるのではないかということである。そして他の人々からの否定・拒否を自己のなかに統合化できないために、それを自己に対する全面的拒絶、遮断物のように感じ、逆にその否定・拒否を全面的に拒否し、やり返すという攻撃的態度をとるようになるのではないだろうか。つまりキレるというのは、そうした遮断物に対する攻撃的態度の表われではないだろうか。

2節　子ども家庭福祉の視点から

1　子ども家庭福祉という考え方

子ども家庭福祉を考えるとはどういうことなのか

子ども家庭福祉を考える際には、大きく四つの基本的構成要素を視野に入れなければならない（図2－1）。

①　子ども家庭福祉が対象とする問題である。これをどのように定義するか、すなわち、何を問題と考え、何を問題ではないと考えるかは、時代や立場によって異なる。いずれにしても、問題と考えられるものが、子ども家庭福祉が取り組むべき課題の範囲を示しており、そうでないものは公的責任の外にあるということになる。

②　このような問題を解決するための社会資源である。本節のテーマである、放課後児童福祉対策としての放課後児童健全育成事業もその一つである。この他にも、保育所、子どもの虐待等に対応する児童養護施設、乳児院などの養護系子ども家庭福祉施設、さらには障害児のための福祉施設、ショートステイやデイサービスなどの在宅福祉サービス、児童相談所や家庭児童相談室などの相談機関など、例示すればきりがない。

③　問題が明らかにされ、それに対応するサービスが整備されれば問題が解決するかというと、必ずしもそうではない。両者の間がうまく結びつかなければ効果的に解決を図ることはできない。

そこで両者を結びつける仕組み、サービス供給システムが必要となる。これを担うのが第三の構成要素である援助者であり、その際に行使する技術が援助技術である。援助者には、保育士、児童福祉司、ソーシャルワーカー、民生児童委員・主任児童委員などが、援助技術には、ソーシャルワーク、ケアマネジメント、技術としての保育などがある。

④　このような援助を何のために行なうのか、どういう方向に解決しようとしているのか、すなわち援助の目標、あるいは援助観である。従来一般に「児童福祉」と称してきた科学あるいは政策分野を、「子ども家庭福祉」あるいは「児童家庭福祉」と表記する傾向があるのも、援助観の変化を示すものである。注1 このような援助観が、問題の見方を決定することになり、ひいては資源の作り方、援助の仕方を決定することになる。したがって、子ども家庭福祉のもっとも中心的な構成要素であるが、子ども家庭福祉サービスに限らず、ほとんどの社会福祉サービスが、目の前にある問題への対症療法として

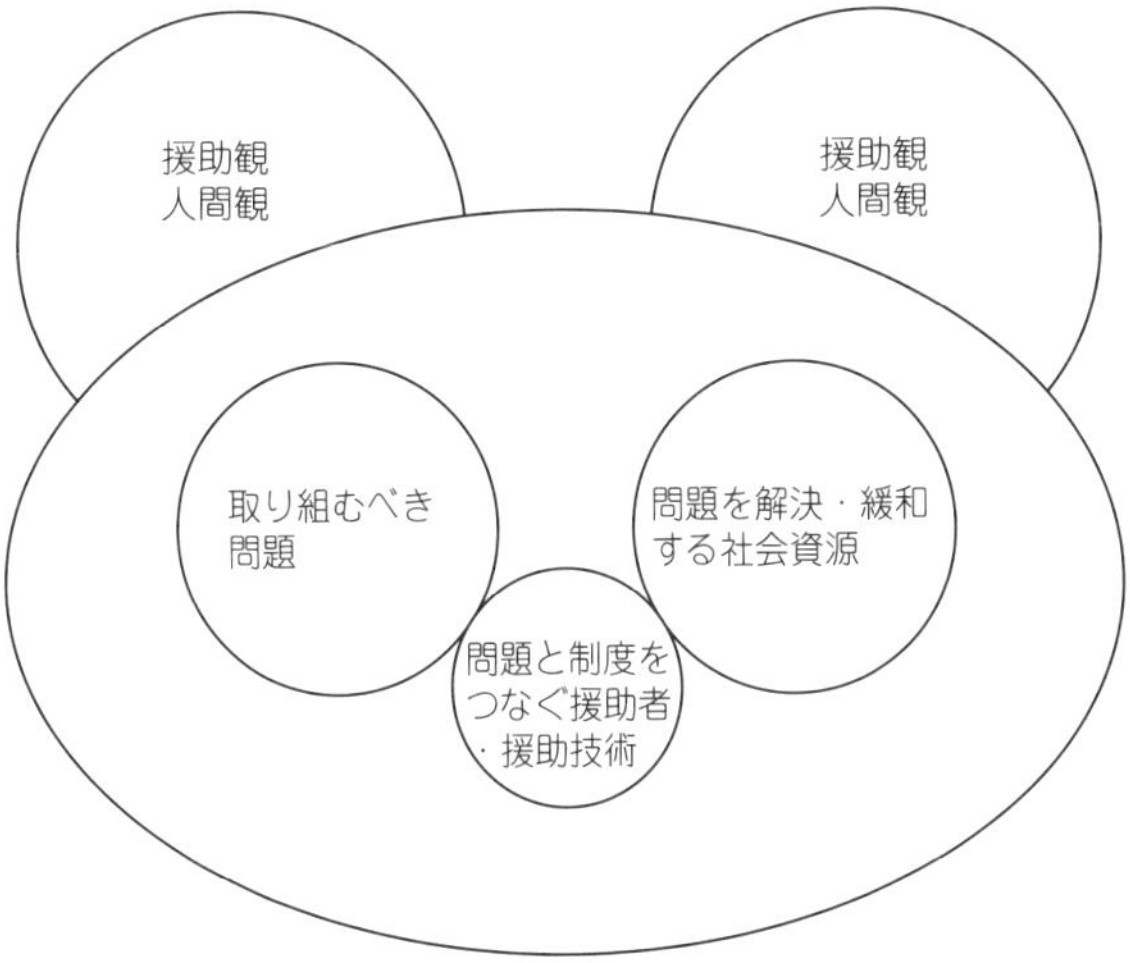

●図２−１　子ども家庭福祉の基本的構成要素

存在しており、この部分への明確な回答をもたずに、長い間展開してきた。

子ども家庭福祉サービスにおける援助のターゲットはどこにあるのか

子ども家庭福祉サービスには、大きく四つのターゲットがある（図2－2）。第一は、基本的視点である子ども自身の成長・発達の支援、すなわち子育ちの支援である。第二は、親になるため、あるいは一人の社会人としての生活の支援、すなわち親育ちの支援である。第三は、親子関係の支援、すなわち子育て・親育てである。親子の信頼および愛着関係の基礎形成が不安定ななかで、親としての成熟度はますます低下し、「親になりきれていない親」が、多く出現している。虐待や放任という例外的と考えられていた状況が、一般の親のすぐそばにまで忍び寄っているということであり、子育てをする親を「育てる」という視点が必要となる。第四は、これらの三つが存在する家庭および地域社会、すなわち育ち育む環境の育成である。

放課後の子どもたちについて、このターゲットを考えると、以下のようになる。第一のターゲットは、友だち関係などを通じて子ども自身の成長・発達を支援するという、すべての子どもたちに共通の課題である。

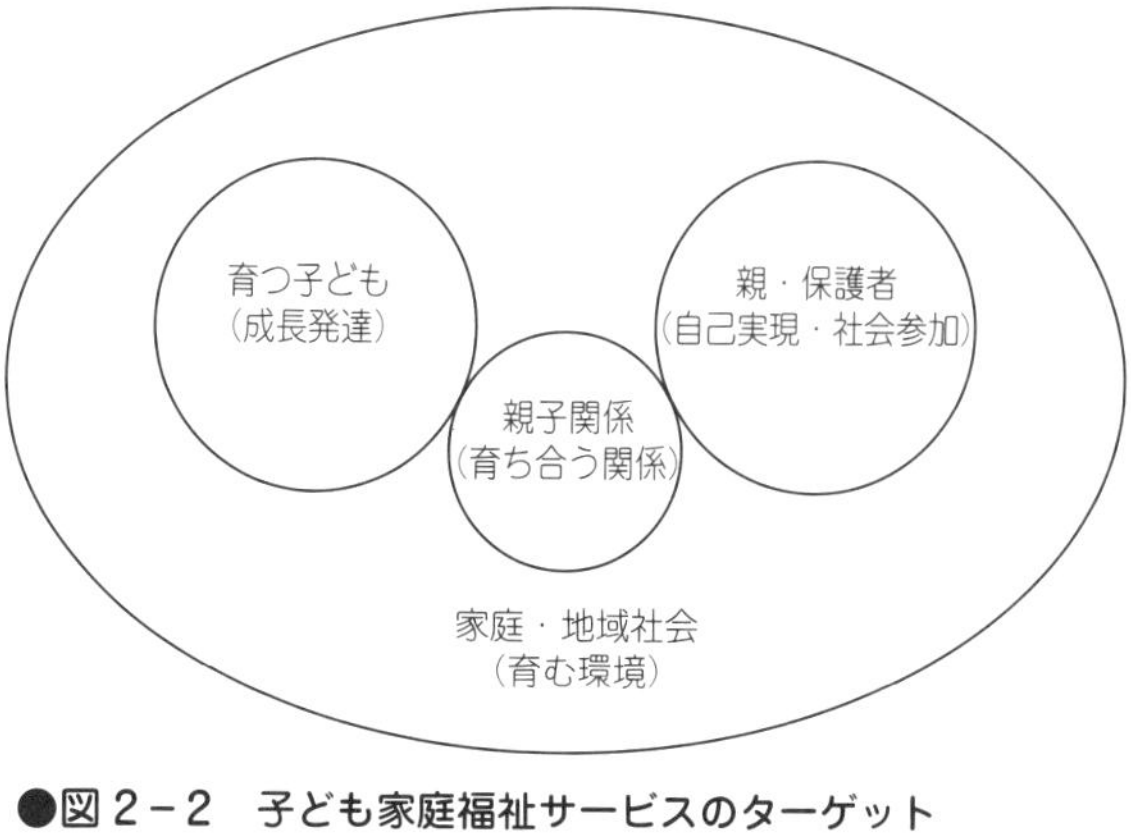

●図2－2　子ども家庭福祉サービスのターゲット

「保育に欠ける」小学校の低学年の子どもたちについては、放課後のケアをする人がいないという問題などとしてとらえることができる。第二のターゲットは、一人の人間として自己実現、あるいは社会的役割を果たしたいという親の願い、とりわけ就労等によって日常的に社会的ケアが必要であると感じている保護者の問題などとしてとらえることができる。第三のターゲットは、放課後の安全や生活に対する親の不安という親の側からのベクトルと、いつか親のもとから自立したいという子の側からのベクトル、そこにズレが生じているという問題である。最後のターゲットは、放課後の子どもたちが安心して育つ機会や場をどのように提供するかという問題である。

2　子ども家庭福祉施策は放課後対策として何をしてきたのか

子ども家庭福祉施策は、保育施策や要保護児童対策を中心に長い間展開しており、放課後対策は必ずしも重視されてこなかった。数少ない施策ではあるが、放課後児童への対応を意識して実施されているものは、以下の大きく三つである。

放課後児童クラブ（放課後児童健全育成事業）

放課後児童クラブは、放課後児童健全育成事業として児童福祉法に定められた事業である。この事業は「留守家庭児童」（カギっ子とも呼ばれた）の増加に対応するため、一九六六年に、文部省（当時）が留守家庭児童会育成事業として事業化したものである。これが、一九七一年には校庭開放事業と呼ばれるようになり、さらに、一九七六年には、厚生省（当時）に事業移管され、都市児童健全育成事業となった。児童福祉法に明記されたのは、一九九七年の第五〇次改正であり、法定事業としての歴史は十年に満たない。

児童福祉法では、放課後児童健全育成事業を「小学校に就学しているおおむね一〇歳未満の児童であって、その保護者が労働等により昼間家庭にいないものに、政令で定める基準に従い、授業の終了後に児童厚生施設等の施設を利用して適切な遊び及び生活の場を与えて、その健全な育成を図る事業」（法第六条の二第六項）と規定している。

二〇〇四年度現在、放課後児童クラブは全国に一五、一三三か所あるが、「子ども・子育て応援プラン」では、これを二〇〇九年度までに一七、五〇〇か所にするという目標値を立てている。これは、全小学校区の約4分の3にあたる。

児童厚生施設

児童厚生施設とは、児童福祉法第四〇条に規定される児童福祉施設で、「子どもに健全な遊び場を提供し、健康を推進して豊かな情操を育てる」ことを目的としている。児童福祉施設最低基準では、これをさらに、児童館と児童遊園の二つに分けている。児童厚生施設は、児童福祉法制定過程では、保護を要する子どもを対象とした法律から、すべての子どもの健全育成を図る法律へと転換する際の象徴的な施設として、保育所とともに重視された☆6。

児童館は、地域の子どもたちが遊び、スポーツ、文化活動などを通して、健康で、豊かな情操を育むことを目的とした施設であり、施設の規模や設備によって、①小型児童館、②児童センター、③大型児童館（A型児童館　B型児童館　C型児童館）、④その他の児童館（小型児童館に準ずる児童館）の大きく四つに分かれている。

児童遊園は、幼児や小学校低学年の子どもに屋外遊びの場を与えることを目的としたもので、都市公園法に定める街区公園（旧名称 児童公園）とともに重要な健全育成の場となっている。

児童厚生施設は、二〇〇三年現在、小型児童館二、八七〇、児童センター一、六四二、大型児童館二一、その他の児童館一三九、児童遊園三、九二六施設、設置されている。

地域活動連絡協議会（母親クラブ）

地域活動連絡協議会とは、子どもの健全な育成を願い、自分たちの力で地域社会に根ざしたボランティア活動をする組織である。この組織の歴史は古く、昭和初期から存在した。全国的な展開としては、一九四八年まで遡ることができる。その後、厚生省（当時）、各都道府県・市の関係行政機関、児童厚生施設、財団法人東邦生命社会福祉事業団（その後、財団法人児童健全育成推進財団に発展）などの支援を受け、現在に至っている。二〇〇二年までは母親クラブという名称で活動していたが、現在では地域活動連絡協議会という名称が一般的になりつつある。

二〇〇四年現在、地域活動連絡協議会に加入している人は、全国で約四十万人となっている。

3　子どもの放課後生活の問題点

今日の子どもたちの放課後生活にはどのような問題があるのか。また、それはどのような背景から生じているのか。子ども家庭福祉論という視点を少しだけ意識しつつ、代表的な論点を三点だけ抽出し、簡単に検討しておく。なお、その際に用いるデータのほとんどは、日本子ども社会学会が行なった、『子どもの放課後に関する調査』[注2]である。

遊び相手・遊び時間・遊び場所がないという問題

仲間、時間、空間の「三間の喪失」ということが言われて久しい。遊ぶものとして生まれてきた子どもが、遊びたくても、その相手や、時間、場所がないということである。

例えば、遊ぶ友だちについて見ると、大都市部、農山村部に限らず。子どもたちの四人に一人は、遊ぶ友だちが「まったくない」と答えている。「あまりない」を加えると、これが4分の3になる（表2－3）。子ども自身が本当にいなくなっている地域から、子どもはいても塾やおけいこごとなどによって、生活時間にズレが生じているために遊ぶことができないなど、その背景にあるものは地域によって異なると考えられるが、子どもの生活世界がかつてとは大きく変化していることがうかがえる。

●表2－3　一緒に遊ぶ友だちが見つからないことがあるか

（%，カッコ内は人数）

	よくある	時どきある	あまりない	まったくない	無回答	合計
大都市部	8.7	15.1	36.7	39.3	0.2	100.0（ 458）
中間部	7.2	18.6	36.7	36.8	0.7	100.0（1374）
農山村部	7.6	19.2	33.1	39.4	0.8	100.0（1394）
合　計	7.6（245）	18.3（591）	35.1（1133）	38.3（1235）	0.7（22）	100.0（3226）

実際に学校からいったん帰宅してしまうと、７割前後の子どもたちは友だちと遊んでいない。子どもの過疎化が進んでいる大都市部や農山村部ではそれがやや高い（表２－４）。遊び自体への意欲が低下しているわけではないが、外で遊びたいという欲求は必ずしも高くはない（表２－５）。

これらの状況を埋めるのが、テレビやゲームという一人でできる遊びや室内遊びであり、子どもたちは、ますますテレビやゲームに没頭することになる。一方、社会的には、遊び相手、遊び空間、遊び時間、遊び素材などがそろった放課後のあり方が大きな意味をもつことになる。

遊び方がわからない・遊ぶ意欲を行動化できないという問題

子ども自身の心のなかにも、遊び方や遊びに対する意欲の行動化において変化が起きていると考えられる側面がある。

表２－６は、「何をして遊べばいいかわからないと思うことがあるか」という質問に対する回答であるが、ほぼ半数の子どもが少なくとも「何をして遊べばいいかわからないと思うこ

●表２－４　昨日帰宅後友だちと遊んだか

（%，カッコ内は人数）

	遊んだ	遊ばなかった	無回答	合計
大都市部	26.4	72.3	1.3	100.0（ 458）
中間部	31.1	67.4	1.5	100.0（1374）
農山村部	23.7	75.3	1.0	100.0（1394）
合　計	27.2（878）	71.5（2307）	1.3（41）	100.0（3226）

●表２－５　遊びへの要望

（%，カッコ内は人数）

	よく思う	時どき思う	あまり思わない	まったく思わない	無回答	合計
長い時間遊びたい	64.7	26.2	6.1	2.3	0.7	100.0（3226）
外で遊びたい	32.9	33.5	24.4	8.2	0.9	100.0（3226）

とがある」と答えている。何をして遊べばいいかわからないと思ったことが「まったくない」は五人に一人程度である。このような状況は、大都市部や農山村部などの地域による差はまったくない。遊びの天才とも称せられる子どもたちが、遊び方がわからないと感じているということである。この背景には、あらゆる環境を遊びの素材と考えていた状況から、遊びに特定の素材を求め、その素材がないと遊べないと感じたり、遊び仲間や、遊び空間の変化に対応した新たな遊びの開発ができていない、という状況があるものと考えられる。

ところで、表2－5に示したように、遊ぶ意欲そのものは必ずしも低下しているわけではないが、実際の行動化は起こっていない。大人からは遊んでいるように見える場面も、子どもは遊びととらえていなかったり、少なくとも遊んでいるという実感をもちえていないということもままある。前項では、環境面からその一端をみたが、心理面でもこれをうかが

●表2－6　何をして遊べばいいかわからないと思うことがあるか　(%，カッコ内は人数)

	よくある	時どきある	あまりない	まったくない	無回答	合計
大都市部	10.7	34.1	32.3	22.7	0.2	100.0 (458)
中間部	14.9	34.6	29.5	20.3	0.6	100.0 (1374)
農山村部	12.2	36.2	29.9	21.1	0.6	100.0 (1394)
合　計	13.1 (424)	35.2 (1136)	30.1 (971)	21.0 (677)	0.6 (18)	100.0 (3226)

●表2－7　疲れたと思うことがあるか　(%，カッコ内は人数)

	よく思う	わりと思う	時どき思う	あまり思わない	まったく思わない	無回答	合計
大都市部	34.7	31.7	21.4	8.1	3.3	0.9	100.0 (458)
中間部	30.9	28.2	22.4	9.5	8.2	0.8	100.0 (1374)
農山村部	34.1	27.4	24.0	9.3	4.4	0.8	100.0 (1394)
合　計	32.8 (1058)	28.4 (915)	23.0 (741)	9.2 (297)	5.9 (189)	0.8 (26)	100.0 (3226)

わせるものがある。例えば、心身の疲れにより、遊びたくても遊べないという状況である。表2－7は、疲れたと感じることがあるかどうかに関する質問である。これを見ると、3分の1の子どもが疲れたと「よく思う」と答えている。「わりと思う」を加えると、実に6割が疲れたと感じていることになる。

制度や家族によって生活が分断されているという問題

子どもの放課後を考える際に、もう一つ考えておかなければならない大きな問題は、子どもの意思にかかわらず、環境的に子どもの生活が分断されているということである。

本学会が子どもの放課後研究として取り上げた際に、たんに、放課後の状況を明らかにしたい、あるいは地域による子どもの生活差を明らかにしたいだけであったのかというと、おそらくそうではないと推察している。子ども自身あるいはそれを取りまく家庭、友だち、地域さらには学校との関係において、何らかの問題状況を感じているからこそ、この調査は実施されたものであると考えられるし、そのことに意義があると筆者自身は受けとめている。

筆者自身の立場である子ども家庭福祉論からすると、問題（子どもの放課後生活）とそれに対応する資源との関係が円滑に結ばれていないということが援助の課題となる。このような関係が構築されていない背景を分析するにあたっては、教育制度と福祉制度というもっとも基本的問題から始まり、福祉制度の内部での問題という制度的問題が一般には取り上げられることが多いが、ここでは、保護者と子どもの意識のズレという視点の調査結果を少し紹介してみたい。

なお、ここで紹介する調査は、大阪市阿倍野区という特定地域の結果であり、[注3]必ずしも全国に敷衍《ふえん》できるものではないが、少なくとも都市部の典型的な状況を表わしているものと考えている。また、調査目的は、放課後の生活を明らかにすることではなく、学校五日制実施に伴う保護者と子どもの意識の変化や、生活の変化を明らかにしたものである。質問は、「学校が五日制になったことについて、総合的にみてどのように思いますか」というもので、回答は「よい」「どちらかといえばよい」「どちらかといえばよくない」「よくない」の四段階で、保護者と子どもに尋ねたものである。集計は、肯定的なものを「よい」、否定的なものを「よくない」として行なっている（表2－8）。

調査結果は非常に特徴的である。総じて見ると、子どもの側は学校五日制を「よい」と評価しているものが多いが、保護者の側は「よくない」とするものがやや多い。また、保護者と子どもとの関係を見ると、保護者が「よい」と考えている場合は、子どもは圧倒的に「よい」と考えているが、保護者が「よくない」と考えている場合、子どももやや「よくない」と考えるものが多くなるという傾向がみられる。

集計には載せていないが、学年が上がるにつれて、「よくない」というものが親子ともに増える傾向がある。保護者が「よくない」

●表2－8　学校5日制に関する評価

（阿倍野区民の手によるまちづくり計画作成事業報告書。上段：横向き％，下段：縦向き％）

子どもの評価＼保護者の評価	よい	よくない	無回答	全体
よい	47.3 90.5	49.5 72.6	3.3 46.2	78.5（182）
よくない	13.2 5.2	73.7 22.6	13.2 38.5	16.4（ 38）
無回答	33.3 4.2	50.0 4.8	16.7 15.4	5.2（ 12）
全体	41.0 （95）	53.5 （124）	5.6 （13）	100.0 （232）

と評価する理由は、教科教育の遅れ、休みの日の安全で安心できる生活の仕方、休みの日における保護者の多様な負担などの問題があると考えられる。学年の問題は、おそらく教科教育との関係と考えられるし、休みの日の安全で安心できる生活の仕方は、むしろ低学年の保護者の不安であると考えられる。教科教育の問題は、直接あるいは保護者を通じて、子ども自身にものしかかっている。

4　放課後対策としての子ども家庭福祉のあり方

なぜズレが生じているのか

前項で示した子どもの放課後生活における特徴的な問題は、「どこに」あるいは「なぜ」生じているのか。子ども家庭福祉論の対象とこれまで実施してきた施策という視点を意識しつつ整理すると、大きく五つの点にズレを指摘することができる。

①　これまでの放課後対策を、放課後児童クラブ（放課後児童健全育成事業）を中心に考えられてきたために、特別な場合を除いて、小学校低学年しか対象にしてこなかったことからくるズレである。調査結果に見られるように、放課後問題は、少なくとも小学校高学年でも生じており、今回の調査対象とはなっていないが、中学生にも別途対策が必要な課題があることは、各種の事件や事例が示す通りである。

②　放課後児童クラブ施策に関連するもので、保育所の延長上の施策ととらえられているために、子どもの分断が起こっているということである。とりわけ、子どもの絶対数が減っている地域では、「保育に欠ける」という要件にこだわることは、縦横の子ども集団をますます小さなものに

させる。

③　子どもの主体化と言いながら、子どもが主体となった活動どころか、子どもの意思さえ必ずしも尊重した制度や体制になっていないことである。本来は子ども主体の活動であった「子ども会」も、今や、育成会（保護者）中心の活動となり、幼児から小学校低学年を主体とした子どもが、「お客さん」状態の活動に多くの地域でなってしまっている。

④　放課後にかかわる制度の主担部門が明確でない、あるいは関係機関間の連携がないということである。その最もベースにあるのが教育と福祉の間の関係である。元来、放課後という考え方は、教育制度との関係で成り立つ概念であり、一九九七年の児童福祉法改正以前は、放課後児童対策も教育委員会所轄で行なわれているところも少なくなかったが、法改正以降、多くの自治体が管轄を福祉部局に移した。このこと自体は、とくに大きな問題があるわけではないが、そこに連携がないために、一部に混乱が起こっている。また、かつては育ちの場であった地域の福祉力や教育力の低下を指摘しつつも、一方で、「地域福祉」や「地域の居場所作り」というスローガンが地域に投げ返され、地域自体も各種制度からの多様（過剰）な期待と現実との間で苦しんでいる。

⑤　先の③、④の問題と関連して、子どもの主体的な活動を受け継ぎ、地域の力を支えていくはずの、青年会（青年団）の壊滅である。モラトリアム社会、広域就職、ニート・フリーター社会のなかで、青年層と地域との関係は、子ども以上に薄くなってしまっている。

当面考えられる具体的な放課後子ども家庭福祉施策

これまでの検討結果をもとに、子ども家庭福祉論という視点から考えられる当面の具体的な放課後児童施策を三点だけ指摘すると、以下のようなものが考えられる。

①　放課後児童クラブを、少なくともすべての小学生に開放し、子ども社会の分断を解消することである。これについては、当事者団体からの反対意見もあるが、[注4]狭められつつある子ども社会、安全性の失われつつある地域社会を考えた時、「保育に欠ける」という要件を超えた、すべての子どもの成長発達を支援する、あるいは子ども社会のなかで、子どもが自ら主体性を身につけていくという視点は必要と考える。

②　地域社会のなかで、子どもを含む新たな社会を形成するということである。これについては、筆者自身が長年かかわっている広島県社会福祉協議会による取り組み「地域まるごと福祉教育推進事業」が参考になる。とりわけ、旧口和町（現庄原市）口南地区の世代を超えたクラブ活動の取り組みは、伝統的な地域組織とは異なる新しい町づくりの形態であり興味深い。[注5]このような地域全体の取り組みは、世代間関係の構築、年齢に応じた子どもの主体力の形成などの点で意味がある。このような事業計画を、社会福祉法に基づく地域福祉計画のなかで展開することが期待される。

③　保護者の意識変革である。これは、きわめて困難な作業であるし、具体的な提案にはならないが、保護的あるいは私物的「保護者―子ども関係観」から、子どもの権利条約の趣旨に即した、成長発達する存在としての子どもへの信頼、主体形成への支援という「保護者―子ども関係観」への

転換がなければ、子どもの主体力の形成は困難である。かつて、障害者運動のなかで、「自立を阻害する最大のものは、施設でも社会でもなく、親自身である」ということが言われたことがある。今、子どもと保護者の状況を考えた時、この言葉が脳裏をかすめる。

ズレを解決あるいは緩和するための新たな子ども家庭福祉観の確立

既述のように、子ども家庭福祉論では、問題（子どもの放課後生活）と社会制度との関係が円滑に結ばれていないということが援助の課題となる。一般論として、関係が結ばれていない状態には、①当事者が問題に気がついていない状態、②問題に気がついてはいても、世間体などにより、社会的なサービスや制度を利用するのを躊躇《ちゅうちょ》しがまんしている状態、③問題を解決あるいは緩和してほしいと思うまでにいたったが、どのようなサービスや資源があるのかわからず困っている状態、④相談したが、自分のニーズを解決あるいは緩和するに足るサービスや制度が存在していない状態、の大きく四つのレベルが存在する。

これに対する実際の援助は、①の状態に対しては、問題であるという認識をしてもらい、解決に向けての動機づけを図る。②の状態に対しては、がまんというよろいを脱がせ、利用の促進を図る。③の状態に対しては、情報提供をするとともに、サービスの利用にむけてのマネジメントを行なう。④の状態に対しては、関連する既存のサービスを工夫して使ったり、それを補完するインフォーマルな活動を組織化するという対応と、それでも限界がある場合には、新たなサービスや制度をつくるための運動をする、などが想定される。

今、子どもたちの放課後の生活状況を考えた時、伝統的な児童福祉論では対処しがたいズレが生じてきていることは間違いない。このことを意識しつつ、つぎはぎだらけの施策ではなく、新しい時代の子ども家庭福祉観とそれに立脚した施策を、前段のような原点に帰って構築していくことが必要なのかもしれない。

注1　現在でも法律や制度的には児童福祉という言葉が用いられている。ただし、厚生労働省の制度説明や厚生労働白書においても、すでに「子ども家庭福祉」や「児童家庭福祉」という表現は一部にみられるようになっている。両者の意味するところの違いは、下記の文献を参照のこと。
網野武博『児童福祉学』中央法規出版、二〇〇二。
柏女霊峰『子ども家庭福祉のゆくえ』中央法規出版、二〇〇一。
高橋重宏 他（編）『子ども家庭福祉論』建帛社、二〇〇二。
山縣文治 他（編）『よくわかる子ども家庭福祉（第4版）』ミネルヴァ書房、二〇〇四。

注2　日本子ども社会学会が試行調査として実施した全国調査（代表：深谷和子・高旗正人）。調査対象：小学5・6年生。調査年：二〇〇四年。回収数：三二二六。

注3　阿倍野の福祉環境を考える会『阿倍野区民の手によるまちづくり計画作成事業報告書』（平成十五年度子育て支援基金助成事業）。調査対象：大阪市阿倍野区内の小・中学生。調査年：二〇〇二年。回収数：二三二一。

注4　例えば、日本子どもを守る会編『子ども白書』（草土文化）では、目的の違いや安全性の確保などの面から、「保育に欠ける」要件をはずすことへの懸念が毎年のように示されている。

注5　口南地区の取り組みについては、『なるほど　福祉教育のネタ本』（広島県社会福祉協議会、二〇〇四・二〇〇五）、『地域まるごと福祉教育推進事業』（広島県社会福祉協議会）の年次報告等を参照。

3節　余暇論に関連させて――「自由空間」と「自由時間」

1　「自由空間」としての放課後

小学校と放課後

「放課後」を手元の辞書で調べてみると、「学校でその日の授業が終わったあと」とあった。ちなみに、「放課」を見ると、「定められた一日の課業の終わること」となっている。例えば役所の業務も、「課業」とみなすことができるのだが、学校の場合は、「授業」が「課業」である。「授業」といえば、一般には国語や算数の「授業」を思い浮かべる人が多いだろう。しかし、実際には、今の日本の小学校は、通常「帰りの会」が終わって「放課後」となる。

第二次世界大戦直後の話になるが、一九四七（昭和二十二）年、「学校教育法施行規則」に「小学校の教科課程、教科内容及びその取り扱いについては、学習指導要領の基準による」と定められた。だが、一九四八（昭和二十五）年の改正により、「教科課程」が「教育課程」に改められ、その後現在にいたるまで「教育課程」という用語が使用されてきた。小学校の「教育課程」は、長い間、「各教科」「道徳」「特別活動」（学級活動、児童会活動、クラブ活動、学校行事）の三領域を含んでいた。このうち、「特別活動」（教科外活動）、とりわけ「学校行事」は、「教科活動」とは異なる役割を期待され、年間を通じてかなりの時間が割かれてきた。しかし、学校五日制の完全実施、そして「総合的な学習の時間」の導入、さらに学力低下問題などのなかで、「学校行事」を削減せざるをえない状況も生まれている。

遠足や運動会などがもっていた息抜き、解放感、ケ（普段の生活）に対するハレ（祝祭）の気分、日常性と非日常性が循環する生活のリズムなどを生み出す機能は、今、どのようになっているのだろうか（もちろん、遠足や運動会がもっていた体力、運動能力、社会的能力を獲得・発達させる機能にも目を向ける必要があるのだが）。学校という教育空間のなかにある、こうした「教科外活動」の機能については、ここで簡単に論じることはできないが、「放課後」が生み出す解放感や「放課後」の遊び空間が今どうなっているかという問題と結びつけて考えてみる必要はあるのではないかと思われる。

ところで、「放課後」は、「正課の終わったあと」ととらえることもできる。この場合、「正課」とは、正規の教育課程に含まれるものであるが、実は学校には「学校教育法施行規則」のいう「教育課程」に含まれない活動、すなわち「課外活動」があることに着目したい。かつては、「居残り学習」や「補習授業」がよく見られた時代もあったが、現在の中学校・高等学校には、「部活動」とよばれるものが放課後に設けられている。

今日の日本の中学校・高等学校と小学校との目に見える違いの一つは、前者には「部活動」があるのに、後者にはそれがないことであろう。放課後、中学校・高等学校では、生徒は「部活動」という学校公認の課外活動に参加することができるが、小学校には、そういう活動の場は児童に対して用意されていない。ちなみに、私たちの調査（全国16の小学校の5・6年生一、七九三人対象）によれば、調査前日の放課後、つまり、「帰りの会」が終わってから、学校に残って遊んだ児童の割合は

25・8％であり、74・2％はすぐに帰っている。4分の1の児童は、何らかの形で学校に残っているのだが、しかし、「部活動」のようなフォーマルな（学校公認の）活動に参加しているわけではない。とはいえ、調査前日に学校から帰って塾やおけいこごとに行った児童は、32・6％と3分の1近くを占めており、そのなかにはスポーツ少年団、スイミング・スクール、ピアノ教室なども含まれると推測されるので、地域社会のなかに「部活動」の機能を代替するものがあるのだともいえよう。しかし、元来小学校段階で「部活動」がないのは、逆に言えば、小学校は児童の放課後の「自由時間」（あるいはインフォーマルな時間）を保障しようとしてきたのだ、と考えることもできる。このような時間の保障は、同時に「遊び空間」の保障でもあったにちがいない。

昔、「よく学び、よく遊べ」といわれた時代があった。深谷[☆7]によれば、それは昭和の初めから敗戦までである。この言葉のなかには、少なくとも小学校に通う児童にとっては、学校は「学び」の場であり、生活圏である地域社会は「遊び」の場である、という暗黙の了解が含まれていたように思われる。だが今日では、子どもたちは、学校社会と情報消費社会の狭間で、隙間のような「遊び空間」のなかを浮遊しているように思われる。この二つの社会システムの周辺にわずかに見いだされる隙間を泳ぐ今の子どもたちにとって、「放課後」はどのような意味をもつのだろうか。子どもの生活がサラリーマンの生活に似てきたといわれてすでに久しい。しかし、サラリーマンの「仕事と余暇」と子どもの「学習と余暇」を同列に論じることができるのかどうか、もっと考えてみる必要がある。

「自由空間」のもつ意味——一九七〇年代の言説にみる

〈松田道雄の「自由空間」論〉

小児科医で評論家の松田は、[☆8]高度成長後の一九七〇年代に起こった子どもの「自由空間」（子どもが家の外で、大人に管理されることなく、自分の好きなことをして友だちと遊べる空間）の喪失状況を指摘し、次のように述べた。

人間に空気が必要であるように、子どもにとって自由空間はなくてはならないものです。江戸時代の人が空気について、とやかくいわなかったのは、どこへいっても空気は清浄で、呼吸はまったく無意識におこなわれていたからです。空気が人びとに意識されるのは、（高度成長で空気が汚れ：引用者挿入）清浄な空気がなくなってからです。それとおなじに子どもの自由時間も、以前は意識されていませんでした。

松田は、江戸時代の寺子屋で「留置」という罰が一番多かった理由について、「ほかの生徒が授業から解放されて自由空間にとんでいけたのに、自分だけがそのよろこびから除外されることが、たいへん苦痛だったからにちがいありません」と指摘し、自分の小学生時代について「学校の授業の最後をしらせる半鐘は、解放の合図でした」と想起し、さらに子どもの「自由空間」を奪った「高度成長」について、次のように述べている。

江戸時代から日本の子どものあそび場であった道路を自動車が占領してしまったために、子どもは家の中にとじこめられることになったのです。自動車をこんなにふやしてしまった経済の高度成長は、また、原っぱや、都市の家のまわりにあった空地や庭もなくしてしまいました。それは都市ばかりではありません。農村の「都市化」のために野つぼや用水池での幼児の水死、造成地での幼児の事故死がふえました。もちろん車のための事故も都市にまけていません。

そして、「自由空間」を奪われ管理された子どもが、大人に依存し甘え「自由」をおそれるようになっている実態を指摘したうえで、本来「自由空間」は「子どもが自分自身の主人であることのできる場」であり、そういう「子どもだけの世界」で、好きな子どもと好きな遊びをすることによって、子どもはその精神、とりわけ自律の精神を育てるのだ、と松田は主張した。

松田によれば、経験の裏打ちを必要とする知的な部分では、子どもは大人に及ばないが、心のなかの動く部分では、「独占欲、競争心、嫉妬、名誉心、怨恨、羞恥、ブラック・ユーモア、あわれみ、好奇、勇気など」、すべて子どももはもっている。ただ、子どもの激しい怒り、悲しみ、喜びの心の動きの下におおわれているものを、大人は見逃してしまう。

子どもにしてみると、自分の心のなかの、こまかいニュアンスを理解できないおとなは、はがゆい存在にちがいありません。それを表現することばを知らないですから、いらいらし、とうとうおこりださないわけにはいかなくなるのでしょう。

「自由空間」は、そういう子どもが自分の心を解放できる場だった。しかし、友だちと遊びさえすればそこに連帯が生まれてくると思うのは、「人間を美化しすぎている」と松田は言う。

人間が人間にたいしていただくものは、権力欲であり、競争心であり、名誉心であり、怨恨であります。そういうものの交錯のなかで、人間は自分の主人でありつづけるにはどうするかを、試行錯誤していくのです。子どもが人間として自立していくのは、そういう葛藤のなかです。自由空間は子どもの心のさまざまの葛藤をいれるだけの広さをもっていたのです。自由空間のなかで、子どもは仲よししましょうばかりで生きていたのではありません。けんかもし、泣きもし、泣かしもし、そして最後には仲なおりしました。たのしくあそぶためには仲なおりしなければならないからでした。自立とか連帯とかは、無償でえられたわけではありません。なにものにもさまたげられないたのしさの魅力にひきずられて、あきらめ、ゆるし、耐えることをおぼえました。そしてあそびのたのしさは、そういうつらかったことを吹きとばしてくれました。だからあとに自立と連帯とがのこって定着したのです。

松田は、このような子ども観に立って、「自由空間」論を展開したのである。

〈藤本浩之輔の「遊び空間」論〉

高度成長後の一九七〇年代は、子どもの「遊び空間」の喪失状況が問題とされるようになる時期である。このころ現われた代表的な言説を見てみよう。

例えば、日本子ども社会学会が創立された時（一九九四年）の呼びかけ人の一人でもあった藤本[☆9]は、一九七〇年代に、詳細な調査に基づいて子どもの「遊び」についての提言を行なった。彼によれば、大人にとっての「遊び」は、「仕事から解放された時間における気晴らし、休養、飲み食い、娯楽といった要素」が強いが、これに対して子どもにとっての「遊び」は「学習という要素」が強い。この場合の〈学習〉というのは、学校の勉強と直接関係がある知識の習得ではなく、「人間が生きていくうえで基礎になる力」、すなわち、人と人とのつきあい方や社会的ルールや責任を果たすとか、自立といった社会的能力、工夫する力、創造力、イマジネーションといった知的能力、巧緻性、運動能力や体力などを獲得し発達させていくことを意味していた。

このような遊びの場は、学校と家庭以外の「第三の生活空間」であるが、藤本によれば、子どもは大人がつくって与える公園や遊び場でも遊ぶが、しかし、子どもたちが何よりも好む「遊び空間」は、「原っぱ、あき地、工事現場、工場跡、建物のすみっこ、秘密基地といったインフォーマルな、スリルと不安のかげのある、猥雑《わいざつ》な、そして秘密めいた場所」であり、この「非公認の遊び空間」（自由空間）は「子どもたちの本質的な欲求に訴える要素」を豊かにもっていた。藤本は、こうした原っぱ、あき地、すみっこが「人間形成空間」であることに注目した。彼は、奥野[☆10]に拠りながら、だいたい次のように述べている。

東京生まれの奥野は、地方出身の作家たちが文学のライト・モチーフとして強烈な「原風景」をもっていることに羨望を感じてきたが、故郷をもたない奥野自身にも少年時代の遊びの思い出があり、それがどこからくるのだろうかと考えて、「原っぱ」に思いいたる。「原っぱ」は、一方では「吸い込まれるような一種不思議な魅力」、他方では「何か不吉なまがまがしい性格」をもっていた。「原っぱ」は、そのすみっこに石仏や石碑や祠《ほこら》があったりしたことからすれば、昔々に遡ると、農耕社会以前の土俗信仰に基づく「タブー空間」だったのではないか。やがて、「原っぱ」は子どもの遊び場となっていくが、そこで子どもたちは、木の実を拾い集め、葉っぱをむしりとり、根っこを引き抜き、蝉をとり、小魚をすくい、蟻の巣を掘り返し、泥をこね、焚き火をしたりする。このような「原っぱ」での遊びは、定着農耕民よりももっと以前の縄文時代の生活の模倣であり、子どもたちはこういう遊びを通じて原初的な人間性に帰っていったのではないか。そうだとすれば、日本列島の子どもたちにとって、縄文的、呪術的空間である「原っぱ」は、「人間形成空間」だったのだ、と奥野は考える（なお、堀内は『二十四の瞳』を取り上げ、縄文的な「人間形成空間」の意味について論じている）。[☆11]

藤本は、「縄文的空間」の当否については留保したうえで、「原っぱは子どもたちの人間形成空間である」という奥野の指摘に注目した。そして、原っぱのみならず、あき地、工事現場、跡地、秘密基地といったインフォーマルな空間が子どもにとってもつ意味を二つほど指摘している。一つは、「新しい意味の発見、創造、そして挑戦といった子どもの基本的欲求にうったえる」ということである。例えば雑草と石ころのあき地で土を掘り返す子どもたちは、石をめくると出現してくるいろいろな虫に好奇の声をあげるのだが、そこで「石をめくる時の期待感と発見のよろこび」を身体いっぱいに感じているのである。もう一つは、子どもたちには「独立した自分たちだけの世界、大人からコントロールされたり管理されたりしない自治的な世界を構築しようという欲求」が強くあるということである。子どもたちは、「他人の目のとどかない場所に、自分たちだけの共有財産をもち、仲間たちだけに通じることばや行動様式を設定することによって、連帯意識をいっそう強めている」のである。それは、親のいいつけよりも仲間との約束を上位におくものなので、親たちが「一抹の不安とさびしさ」を感じるものではあるが、子どもの側に立ってみれば、独立の意欲が発達してきたことの証左であり、「大人社会にはいっていく自己訓練の過程」なのである。

しかし、大人たちは、そういう子どもたちに対して、原っぱやあき地（それはどんどん減っている）ではなく、児童公園を与えようとする。藤本によれば、児童公園が重要であることは言うまでもないが、しかし、それは大人の論理と感覚で作られ、子どもたちのエネルギーをコントロールし管理する側面をもっている。そこには「広大な原野を自由に駆けまわっていたインディアンに居留地を与え、閉じ込めるのと同じ発想ではないか」と藤本は問いかけている。

ところで、今回の筆者たちの調査の結果では、放課後の「遊び空間」は表2−9ようになっている。なお、別の質問項目によれば、調査前日に「家

●表 2−9　放課後の遊び空間

（%）

遊ぶことが「よくある」場所	男子	女子
友だちの家	39.2	38.0
公園	12.7	9.9
放課後の学校	11.6	9.9
車の来ない道路	8.5	5.5
児童館・児童センター	6.5	4.4
スーパー．コンビニ	4.5	4.5
山・野原・畑・川・池など	5.2	2.4
空き地	4.8	2.3

の中」を遊び場とした割合は、男子53・4%、女子40・7%である。

ちなみに、日本テレビ協議会調査委員会[☆12]が実施した調査（一九八一年、小学3〜6年生、二、三〇〇人）によれば、表2−10のようになる。

また、社会調査研究所世論調査室が行なった「東京っ子の遊びと遊び場・母子調査」（一九七一年、小学2〜6年生、六千人）では表2−11となっている。なお、藤本[☆9]が父子を対象に実施した調査（一九七三年）では、父親（九十七人、平均年齢四十歳）の79・4%が「あき地（原っぱ）」で遊んでいたのに、その子ども（七十三人、小学4年生男子）は2・7%にすぎない。これに対して「家の中」で遊んでいた割合は、父親では11・3%に対して、その子どもは61・6%であった。

●表2−10　放課後の遊び空間[☆12]

（%）

遊び場所	男子	女子
公園	67	67
家の中	55	70
校庭	49	43
広場	35	25
道路	33	21
空き地	34	16
家の庭	18	25
駐車場	17	10

●表2−11　東京っ子の遊びと遊び場・母子調査

（社会調査研究所世論調査室，1971：小学2〜6年生，6,000人）

（%）

遊び場所	男子	女子
公園・遊園地	51.3	49.7
空き地・原っぱ	41.7	32.2
家の庭	13.8	24.9
道路・路地	16.2	17.6
家のそば	11.1	18.8
学校	15.5	13.9

回答の仕方が多少異なりサンプルのとり方も違うが、「遊び場」が時代によって大きく変化していることは確かである。例えば「あき地・(原っぱ)」は、一九五〇～六〇年代はまだ多数の子どもの遊び場だったと推測されるが、一九七〇～八〇年代に急激に減少し、今日ではもはや見る影もない。こうした変化は、土門☆13などの写真を見ると、鮮やかにとらえられる。

冒険遊び場

今日、激減した子どもの「自由空間」＝「遊び空間」を取り戻すためには、生活圏としての地域社会の大人たちの理解と努力が不可欠であると思われるが、この点で注目されるのが「冒険遊び場」である。ヨーロッパではかなり長い歴史があり、日本でも一九七〇年代ごろから各地に開設されているが、ごく最近では、例えば門脇☆14がその意義を強調している。

……子どもたちに必要なのは、届け出や準備など必要とせず、子どもがその気になった時に、そこに行けばいつでも誰かと出会うことができ、やりたいことがあれば、そこですぐにやれるような場所である。そういう場所が地域のなかに、しかも子どもが歩いても行けるような距離内にあったとしたら、子どもにとっての地域社会は、大きくその意味を変えるはずであり、子どもの日頃の行動も大きく変わるはずである。……そんな魔法の杖のような場所があるのか。完全無欠というわけにはいかないが、それに近い場所はある。冒険遊び場と呼ばれている遊び場がそれである。

この「冒険遊び場」の具体的な姿を紹介することはできないが、「狭苦しくなった都市空間ではできなくなった多くのことが自由にできる場所」としての可能性について、子どもの「遊び空間」を大事にしたいと考える大人たちが広く検討を加え、実験的に試みることが大事になるだろう。

2 「自由時間」としての放課後

「余暇」という視点――一九七〇年代の言説にみる

「余暇」とは、「自由時間」を意味するとともに、その時間のなかで行なわれる「活動」をも意味している。これまで本節で「自由空間」の問題に多くを割いてきたのは、「余暇時間」に行なわれる「活動」がどのような「空間」によって保障されるかということが重要だと考えたからである。つまり、「余暇活動」が行なわれる「場」を「自由空間」としてとらえることの意義に目を向けてきたのである。

日本で「余暇」が盛んに論じられるようになったのは、やはり高度経済成長後の一九七〇年代である。当時の言説をみると、「余暇」のとらえ方をめぐっては、デュマズディエ[☆15]の影響が大きいように思われる。彼は、「余暇」を「個人が職場や家庭、社会から課せられた義務から解放された時に、休息のため、気晴らしのため、あるいは利得とは無関係な知識や能力の養成、自発的な社会参加、自由な創造力の発揮のために、まったく随意におこなう活動の総体」と定義し、その機能として①休息、②気晴らし、③パーソナリティの開発・発展の三つをあげた。また彼が重視したのは、「余暇というものが、あらゆるものが相互に連関し、作用しあっている日常生活のディアレクティークのなかにおいてはじめて存在し、また考察の対象になる」ということである。彼は、余暇だけを切り離してその意味をとらえようとしてはならないことを強調した。

デュマズディエの定義は成人を念頭においたものと考えられるが、これを子どもに適用すれば、「学校の『学習』という義務から解放された時に行なう活動の総体」を「あらゆるものが相互に連関し、作用しあっている日常生活のディアレクティークのなか」においてとらえる、という考え方が成り立つことになろう。しかも、藤本[☆9]が指摘した「遊びもまた『学習』である」というとらえ方を加えると、子どもの「余暇」を大人と同じものと考えてよいのかどうかをめぐって議論が出てくる。一方では、学校で義務づけられた「学習」を行ない、さらに学習塾で学校的知識の「学習」を行なう子どもの日常生活はサラリーマンのそれと変わらない、という現状を前提にしたうえで何らかの改善をはかろうとする議論、他方では、子どもの生活のなかに「遊び空間（＝自由空間）」を確保し、遊びを通じて得られる「学習」を保障することを重視しようとする議論がある。そしてこれらの議論は、いわゆる「余暇教育」を、子どもに対する「必要な介入」ととらえるか、それとも「要らぬお節介」ととらえるか、という問題にもつながるだろう。

ところで、「余暇教育」に関する言説も、すでに一九七〇年代にまとまった形で現われている。例えば江原[☆16]は、「余暇教育」の必要性を次のように指摘している。

> 本来、自由であるべき余暇を拘束、管理、コントロールするためではなく、余暇が名実ともに一人一人の主体的、自発的、自由な時間として一生を通じて人の形成に寄与しうるような諸配慮は、余暇時代に向かって離陸したといわれる今日では、いっそう真剣に考えられねばならないの

ではあるまいか。レジャーと教育はけっして相対立するものではなくて、生涯を通じて充実した余暇を持ち得るためにも、あらゆる機会を通じて、その準備をすることが必要であり、ここに「余暇のための教育」も成立し得るのではあるまいか。……一方では、豊かな余暇生活をすごすにふさわしい環境の整備ということが必須のものであることはいうまでもないが、また、一方では、「余暇のための教育」をどう編成してゆくかを考えていくことが必要であり、レジャーとともに、レクリエーションということが主張される理由もここにあるのである。

こうして江原は、一九七〇年代の現実の子どもたちに目を向けるのであるが、そこに浮かび上がってきたのは、「遊びを知らない子ども」「テレビっ子」「もやしっ子」といった実態であった。これに対して江原は、大人たちの急務として、「子どもたちが積極的に、活発に、自由に遊ぶことのできる時間、場所、仲間の確保」を強調し、「そうすることによって、子どもは遊びを通じて成長をとげてゆくことができ、またこの時期に、一生を通じて豊かな余暇を過し得る基礎が生活のなかではぐくまれていくのである」と指摘した。それは、今日もなお取り組まねばならない課題であろう。

情報消費社会のなかの明と暗

一九七〇年代ごろの「余暇」に関する言説は、例えば松原に見られるように[☆17]、「産業社会」を背景としており、「大衆余暇時代」の到来や「情報化社会論」「生涯教育論」などを踏まえてはいるが、まだ「情報消費社会」を十分意識したものではなかったと考えられる。しかし、この新しい社会は、すでに一九七〇年代に生まれており、今日ではきわめて明瞭な形でその姿を表わしている。

藤田[☆18]は、現在よりも将来に価値を置く「学校化社会」と現在の生活と活動に価値を置き、現時的な欲求を刺激し、現時充足的な消費活動を拡大する「消費社会」との間に矛盾した状況が生まれ、好悪を問わず一律に知識を与えようとする「学校」と子どもが気ままに好きなように選べるさまざまな情報を提供する巨大な「学校外情報空間」が拮抗する状況が生まれていることを指摘した。この場合、とくに次の点に注目しておきたい。

「学校外情報空間」は、学校が公共的な意味をもたせて子どもに与える知識とは違って、一人ひとりの子どもが自分の欲求に応じて、また家庭の階層文化や仲間の好みなどによって、それぞれ異なった形でかかわりをもつことができる空間である。しかも、かつては保護―被保護の関係のなかにいた子どもは、今日では、企業―顧客関係のなかで一人前の消費者として自己主張できる存在とみなされるとともに、商品を購入する消費者としてねらわれる存在にもなっている（なお、この点については、原田[☆19]参照）。

私たちの調査によれば、79％の子どもは家にパソコンがあり、そのうちパソコンを使っている子どもは「毎日のように使う」12・2％、「週に何回か使う」26・4％、「たまに使う」52・1％である。実際の使い方としては、「インターネットを見ている」（74・7％）、「ゲームをしている」（85・2％）などが多い。いずれにしても、子どものパソコン利用は、ケータイ電話（私たちの調査では、所有率14・6％）とともに、今後急増することが予想される。深谷[☆7]は、「これからの子どもは、『電子メディアをコントロールしている子ども』と『電子メディアにコントロールされる子ども』に二分されよう」

と指摘しているが、それは情報消費社会のなかの明と暗を分ける鍵となるかもしれない。

こうした子どもの放課後の過ごし方に対して、どのような「必要な介入」がありうるのか？　それを考える責任が、大人の側にあることは否定できないだろう。

4節　「子どもの放課後」の社会史

1　放課後の三領域

働く子どもたち

本書は「子どもの放課後」を問題にしている。つきつめて言えば、現代の子どもは自分の部屋の中にこもり、勉強をするか、テレビを見たり、ゲームをしたりして、放課後の時間を過ごしている。現在では、子どものそうした姿に慣れてしまっているが、もう少し異なった形の放課後の過ごし方があるのではないか。

本節では、時系列を追う形で、子どもの放課後を比較し、現代の放課後のもつ問題を明らかにしたいと考えている。なお、時系列という時、いつの時代との比較を試みるかが問題となる。明治や大正の子どもと平成の子どもとでは、社会的な条件があまりに異なり、現代との接点をもちにくい。そこで、本節では、昭和期内での比較を試みることにしたい。

昭和十七年ごろ、日本青少年教育研究所が、東京の山手、下町、千葉の農村部の小学4年、小学6

年、高等小学2年生の計一、一〇〇人を対象として、子どもの生活時間を克明に調べた調査結果がある[☆20]（表2－12）。

表2－12のデータによると、放課後の子どもの暮らしが、①勉強、②手伝い、③遊びにほぼ三分されている。このなかでは、遊びが一時間十五分以上なのと、手伝いの長さが一時間を超えているのが目につく。そこで、平日の手伝いの長さを学年差や性差、地域差に着目して、算出すると、表2－13のようになる。

この結果から多くの示唆に富む傾向が得られるが、ここでは、①手伝いの時間は、下町より山手、そして農村のほうが長いが、ほとんどの地域で、手伝いの長さは一時間を超える。②多くの地域で、学年が上がるにつれて、手伝いに費やす時間が増える。③手伝いというと、女子を連想するが、男子も一時間以上手伝っているのが注目をひく。なお、表2－13は平日の手伝いの長さだが、休日の手伝いの長さは表2－14のようになる。

都市の下町や山手で、休日に子どもが手伝う時間は二時間前後である。しかし、農村の子どもは、家事の他に、農業の手伝いをするので、休日になると、手伝いの時間は男女ともに三時間を超える。

下水道がほとんど普及していないうえに、電気冷蔵庫やレンジ、電気冷凍庫のない時代である。それだけに、子どもが家庭でする仕事は多く、風呂の

●表2－12　子どもの生活時間：1942（昭和17）年 ☆20

		男子	女子
1. 勉強	①予習、復習	49分	1時間 6分
	②読書	31分	28分
小計		1時間20分	1時間34分
2. 手伝い		1時間 4分	1時間22分
3. 遊び	①遊び	1時間 9分	54分
	②ラジオ聴取	24分	21分
小計		1時間33分	1時間15分

水汲みや薪作り、竈《かまど》の火燃し、雑巾がけ、下の子の子守りなどに追われた。もちろん、農業や商業の場合、家事以外の仕事が加わる。

戦後の事例になるが、文部省（当時）が一九五四（昭和二十九）年に、山村（山形県西山郡南部小学校）の子どもを対象として、放課後の生活時間を調べた調査結果がある☆21（表2－15）。

これは、山村部の調査なので、放課後の子どもの暮らしのうち、もっとも長いのが①手伝いの時間で、次いで、②遊びの時間があり、残った時間に③勉強という感じになる。休日の場合も、手伝う時間が八時間四十分と圧倒的に長く、残っている時間に、二時間半程度

●表 2－13　手伝いの時間（平日）☆20

	男子	女子	全体
農村・小学4	1時間2分	1時間17分	1時間10分
小学6	1時間13分	1時間27分	1時間20分
高小2	1時間41分	2時間32分	2時間7分
小計	1時間19分	1時間46分	1時間33分
下町・小学4	40分	50分	45分
小学6	41分	55分	48分
高小2	1時間　6分	1時間25分	1時間16分
小計	49分	1時間3分	56分
山手・小学4	1時間6分	1時間37分	1時間22分
小学6	1時間4分	1時間46分	1時間26分
高小2	1時間1分	1時間57分	1時間29分
小計	1時間4分	1時間47分	1時間26分
計	1時間4分	1時間32分	1時間18分

●表 2－14　手伝いの長さ（休日）☆20

	農村	下町	山手	全体
男子	3時間32分	1時間45分	1時間15分	2時間32分
女子	3時間52分	2時間　7分	2時間22分	2時間47分
計	3時間44分	1時間56分	1時間49分	2時間40分

遊び、二時間弱勉強をしている。子どもの生活の基本に手伝いがあるという感じである。

こうした傾向を大づかみすると、子どもの生活が「働く」「遊ぶ」「学ぶ」の三領域から成り立っているが、三領域のなかでも、歴史を遡るほど、「働く」の占める比重が増す。子どもは子守りや家事の手伝いに追われ、「学ぶ」や「遊ぶ」に多くの時間を割けなかったのは、教育史の示す通りである。

これを、図式化してとらえると、明治や大正期、そして、昭和に入っても、子どもの放課後として、図2－3のような働く子どもの姿が浮かんでくる。働くことに多くの時間を割き、残りの時間に学校へ行き、ゆとりを見つけて、遊ぶという生活である。

群れ遊ぶ子ども

さまざまな自伝を読んでいると、子ども時代

●表2－15　山村の子どもの放課後☆21

	平日	休日
手伝い	2時間37分	8時間40分
勉強	46分	1時間53分
遊び	1時間26分	2時間37分

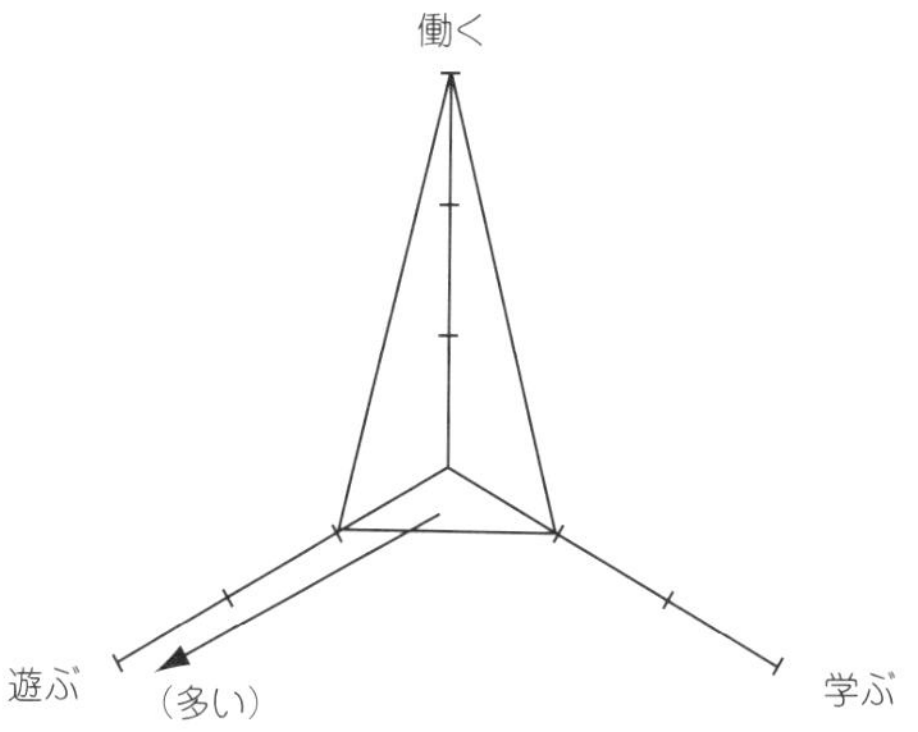

●図2－3　子どもの類型①：働く子ども（明治・大正）

の群れ遊びについて語っている人が多い。南伸坊[☆22]（昭和二十二年、東京生まれ）の描く子ども時代は、昭和三十年代前半の話であろうが、おもに遊んだ場所は原っぱだった。その原っぱを「カクレ家《が》（南伸坊の言葉）」にして、ガキ大将を中心に何人かの子どもが集まって、群れの暮らしをする。具体的には、「『じゃ、3時からカクレ家で会をやるから、おやつを持って集まること』とツネヒコちゃん（ガキ大将：引用者注）の命令があって、ボクらはそれぞれ、自宅へ戻って、お菓子を持って集まったのだった。住人の引っ越したアパートの空き部屋がボクらのカクレ家で」、そこで、お菓子持ちよりの集まりをもっていた。

あんばいこう[☆23]（昭和二十四年、秋田県湯沢生まれ）は、「ものごころついた頃には、もうキャッチボールをしていたキチのつく野球少年だった。家の前の空き地や刈り取りの終わったフカフカの田んぼや学校のグランドで、雪の降り積もる季節以外はボールを追いかけていた」という。

もっとも、「ぼくの家を中心に、半径百メートルほどがいわゆる『なわばり』で、その範囲以内は、各家庭の経済状態からご先祖サマのことまで子どもながらも親族同様に知っていた」のように地域を根城として、子ども時代を過ごしている。

さらに、町田忍（昭和二十五年、東京日暮里生まれ）が子ども時代の思い出を綴った『昭和浪漫図鑑』[☆24]によれば、地域に群れ遊びをするギャング集団があり、秘密の基地作りをしている。「仲間4人で、板切れや園芸用のシャベルを使って3人の子供が並んで入れるくらい深くて大きな穴を掘った。付近で拾った廃材を利用して穴を隠すための蓋をつくり、内側にゴザを敷いた」という。

こうした回想は、放課後、仲間と群れて遊んだ体験をもった点で共通している。そして、群れでの遊びは、①屋外に、②何人かの子どもが集まり、③体を動かしながら、④これといった玩具を使わずに、⑤みんなでルールを作りながら、⑥自発的に遊ぶ、などの特性を備えている。

群れ遊びであるから、友だちと群れて遊ぶ。その友だちは、①家の近くの地域の子どもで、②異年齢の子どもが集まり、③大人の目から隔離された状態で、④群れ遊びをする集団だった。

そうした、地域で遊び戯れる子どもの群れをギャング集団、群れて遊ぶ年齢をギャング・エイジと呼ぶのは周知の通りであろう。しかし、遊びの群れがどうしてギャングなのか。一九二〇年代に、シカゴ大学の研究グループが、群れ遊ぶ子どもに、当時のシカゴに根を下ろしていたギャングに共通するものを感じて名づけたものである。縄張りをつくり、群れて悪さをするギャング集団は、ある面では、アウトロー的な性格を備えている。そして、ギャング集団には、小学校低学年のみそっかすから高学年の子どもまでいて、その群れをガキ大将とよばれるリーダー格の子どもが仕切っていた。

地域の遊び仲間集団は大人の干渉がない子どもだけの集団なので、集団のなかでいじめやけんかがあった時、自分たちの力で問題を解決する必要があった。それに加え、地域にはいくつもの群れがあって、互いに競い合っている。時には、他の群れとの争いも起こる。それだけに、ギャング集団のリー

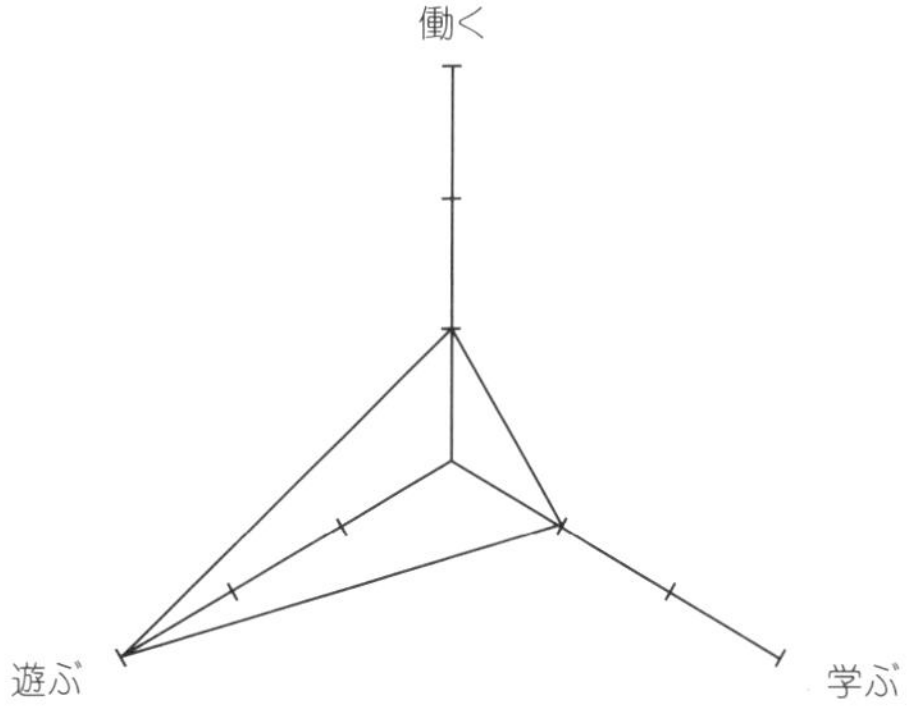

●図２－４　子どもの類型②：遊ぶ子ども（昭和30年代を中心に）

ダーであるガキ大将には、幼い子どもを守り、集団の安全を保って、集団を束ねる力量が求められた。

こうした状況を、図2－3と同じ図を使って、類型化を試みると、図2－4のように、子どもの生活から、「働く」の重みが減少するが、かといって、「学ぶ」もそれほど大きな比重を占めていない。そして、子どもにとって、「遊ぶ」が生活の主役になる時代である。

学ぶ子どもたち

明治以来、中等教育への進学には高い入試倍率を突破する必要があった。具体例として、一九一六（大正五）年を基準として、中学受験の動向をまとめると、表2－16の通りになる。一九一六年から一九二五（大正十四）年までの十年間で、中学校の入学者は約三万七千人から約七万六千人へ2倍に増加している。つまり、定員が倍増しているが、受験者も約七万七千人から約十四万九千人に倍増している。したがって、入試倍率は大正年代を通してほぼ2倍に終始している。

しかし東京では、このように入学定員を増やしても、入学志望者が増えるため、入試倍率が高まった。一九二四（大正十三）年の場合、東京府の公立の中学校や高等女学校の入試倍率は表2－17のように、一中の5・5倍、二中の2・9倍など、平均して4倍に達する、また、高等女学校の入試倍率も、第一高女の4・6倍など、

●表2－16　中学志願者と入学者の変化（「文部省年報」各年度より作成）

	志願者	入学者	志願者増	入学者増	入試倍率
1916（大正5）年	76,660	36,994	100.0	100.0	2.07
1918（大正7）年	83,850	39,562	109.4	106.9	2.12
1920（大正9）年	122,316	46,826	159.5	136.6	2.61
1922（大正11）年	157,490	62,481	205.4	169.7	2.52
1924（大正13）年	156,832	73,997	204.5	200.0	2.11
1925（大正14）年	148,572	75,572	193.8	204.2	1.97

平均して4・2倍である。この時代、何となく上級学校を受験することは少なく、きちんとした受験意欲をもっている場合が多い。そう考えると、平均4倍の入試倍率はきわめて高いように思われる。

昭和に入っての（旧制）中学生の卒業後の進路を表2－18に示した。（旧制）高校への進学者が4分の1を占め、専門学校進学者を含めると、進学率は卒業生の半数を上回っている。この時期の統計の場合、専門学校には、早稲田や慶応など、いわゆる私立の有力学校が含まれている。したがって、「専門学校」を、現在風に読み取るなら、難関大学入学に感覚が近い。

有名中学に入学し、卒業できれば、（旧制）高校や大学に進学でき、社会的な地位への達成が可能になる。また、女子の

●表2－17　東京府の公立中学と高等女学校の入試倍率：1924（大正13）年度☆25

中学	定員	志願者	倍率	高等女学校	定員	志願者	倍率
一中	220	1205	5.5	一高女	240	1108	4.6
二中	100	291	2.9	二高女	100	546	5.5
三中	250	734	2.9	三高女	184	618	3.4
四中	230	812	3.5	四高女	50	203	4.0
五中	200	1507	7.5	五高女	200	1298	6.5
六中	270	1305	4.8	六高女	240	584	2.4
七中	270	643	2.4	品川高女	80	418	5.2
八中	270	783	2.9	小松川高女	100	282	2.8
全体	1810	7280	4.0	全体	1194	5057	4.2

●表2－18　中学卒業生の進路：1927～1930（昭和2～5）年☆26

（%）

	高校	専門	他校	進学計	軍人	教員	公務員	会社員	その他
1927（昭和2）年	23.7	23.2	0.9	47.8	2.8	8.9	0.2	11.2	29.1
1928（昭和3）年	28.7	23.3	1.7	53.7	3.6	9.3	1.7	10.5	21.3
1929（昭和4）年	27.4	25.2	1.5	54.1	4.0	9.5	2.4	10.7	19.3
1930（昭和5）年	25.8	27.4	1.5	54.7	4.8	9.4	2.6	12.5	16.0

場合も、高等女学校を卒業すれば、良家との縁組が可能になる。
それだけに、学校としては、中学入学を望む親の期待に添うために、中学受験のための準備教育をすることになる。補習教育は大正時代から行なわれていたが、昭和になると、多くの学校で、長い時間をかけての補習教育が行なわれている。

「一ヵ年日曜日以外、ほとんど休みなしで勉強と取り組んだ。毎日放課後日の暮れる頃まで、殊に冬の日は早く落ち、火の気のない教室は随分寒かった」（亀井三枝、山口県勝間小、昭和三年卒業[☆27]）。「学校で遅く迄補習勉強をし、字東坂を帰る頃は真っ暗になり、厳寒の頃とて身を切られる程でした」（石川さき、静岡県堀之内小、昭和二年卒[☆28]）という。この二事例は、大都市とはいえない地方都市の学校だが、そうした地域でも補習教育が行なわれている。

そうした状況に対し、補習授業が子どもの心身を損なうという声が強くなった。そして、昭和初頭、補習教育を廃止するには、受験制度の改正が必要だという観点から、入試制度の改革が論議され、昭和二年に入試改革が実施されることになった。

文部省（当時）は一九二七（昭和二）年十一月二十二日に、中学選抜試験の改正についての訓令（十九号）を発している。「（中学志願者が）準備ニ没頭シ知ラズ識ラズノ間ニ其ノ心身ノ発達ニ悪影響ヲ及ボス」と、状況を要約した後、「試験ヲ行ハザルコトヲ以テ本体トシ」、「小学校ニ於ケル成績ニ拠リ更ニ人物考査並身体検査ヲ用ヒテ」選抜を行なうよう指示している。同時に明らかにされた「中等学校試験制度改正ニ関スル件」によれば、

①小学校での成績は、最終二学年のもの

②人物考査は常識、素質、性行などを「平易ナ口頭試問」を行なう
③成績と口頭試問、身体検査で、順位を決められない場合、抽選による

と規定されていた。そして、一九二八（昭和三）年の中等学校入試では、筆記試験を行なわずに、①小学校からの内申を中心に、②口頭試問、③身体検査とで、選抜を行なうことにした。しかし、選抜を実施してみると、小学校の内申は学校差があるので信頼できず、口頭試問では差をつけられないなどの事情が加わって、選抜が混乱した。結局、なし崩しの形で、筆記試験が復活することとなる。となると、小学校の補習教育も広がり始める。

そして、東京府のように、学務部長名義で、一九三二（昭和七）年「入学試験ニ関スル件」（昭和七年十二月六日）を通達した。過度の受験勉強をしないようにこれまでも通達してきたが、「近時往々右ノ趣旨ニ反シテ所謂《いわゆる》受験勉強ノタメニ小学校教育ノ本旨ニ反スル向キアルヤニ聞キ及ビ甚《はなは》ダ遺憾ニ堪《た》ヘス」と、受験指導を慎むように指示する状況が生まれる。[☆29]

さらに、一九三三（昭和八）年十月、東京府は、「入学試験準備教育取締ニ関スル件」の通牒《つうちょう》を発している。中等学校入学試験準備教育の禁止については、一九二九（昭和四）年一月に通達を出したが、「近事其ノ弊《へい》ノ益々著シキヲ加エ」「学問即入学試験準備」というような謬見《びゅうけん》も広まっている。したがって、

①学校授業日や規定時間外の補習（教授及復習）の禁止
②授業時間数を変えない
③教材の速度を変えない

④教師の私宅教授の禁止
⑤私塾や模擬試験に子どもが参加しないように指導

という内容で、禁止の規定が細かくなっているのがわかる。[☆30]

そうはいっても、補習教育は下火にならなかった。一九三五（昭和十）年に東京府立九中を受験した安田武（大正十二年生まれ）は、「文部省がたびたび通達を出して、受験のための『居残り授業』を禁止していた。にもかかわらず、私たち六年生は、日の暮れ方、裏門からこっそり抜け出すように下校するのが、いつものことだった」[☆31]と回想している。

加藤周一（昭和八年、東京府渋谷生まれ）の入学した小学校では、5年生から進学組と非進学組とに分け、進学組はレベルによって3グループに分けた。「体操や図工の時間は、しばしば入学試験に必要な科目にふり替えられ、授業は時間表のおわったのちにも、遅くなるまで続けられた。夕闇の迫る学校の大きな建物に残っていたのは当直の小使いと私だけで、広い校庭には昼間の子供たちの影も形もなかった」[☆32]という。

くり返しの指摘になるが、受験者は大都市のサラリーマン家庭などに限られている。そうした限定された階層の子どもにせよ、中学受験が激化して、夜遅くまで補習教育に打ち込み、勉強中心に生活していた子どもの姿が見られるようになる。

すでにふれた子どもについての説明図に従うなら、図2－5のように、生活の中心に「学ぶ」が位置する子どもである。

そして、第二次世界大戦後、団塊の世代を中心に、進学熱が高まって、勉強に追われる子どもの階層が拡大し、生活の中心に勉強が位置する子どもの姿が広まる。もちろん、勉強することは社会的に奨励される行為であり、子どもは親の期待に添いたいと思い、勉強に打ち込む。しかし、図２－５のように、「遊ぶ」や「働く」体験が乏しくなると、成長のバランスが欠け、人間性をもたない存在になりやすい。

2　ひきこもる子ども

テレビとともに

子どものまわりに楽しいテレビが入ってきたのは、昭和三十年代後半だった。一九五九（昭和三十四）年ごろ、家にテレビのない子どもが、テレビを見るためにお茶碗やおかずを持ってテレビのある家庭を訪ねる、当時の言葉を使えば、テレビ・ジプシーの姿があった。そして、一九六二（昭和三十七）年にテレビの受信契約台数が一千万台に達し、半数の家庭でテレビを見られるようになった。翌一九六三（昭和三十八）年に、国産初のアニメの「鉄腕アトム」や「鉄人28号」の放送が始まり、子どもはテレビに熱中するようになる。もちろんほとんどの子どもは、一九六四（昭和三十九）年の東京オリンピックを家庭のテレビを見て声援を送っている。

そして、昭和三十年代後半になると、子ども雑誌に掲載されたマンガが、

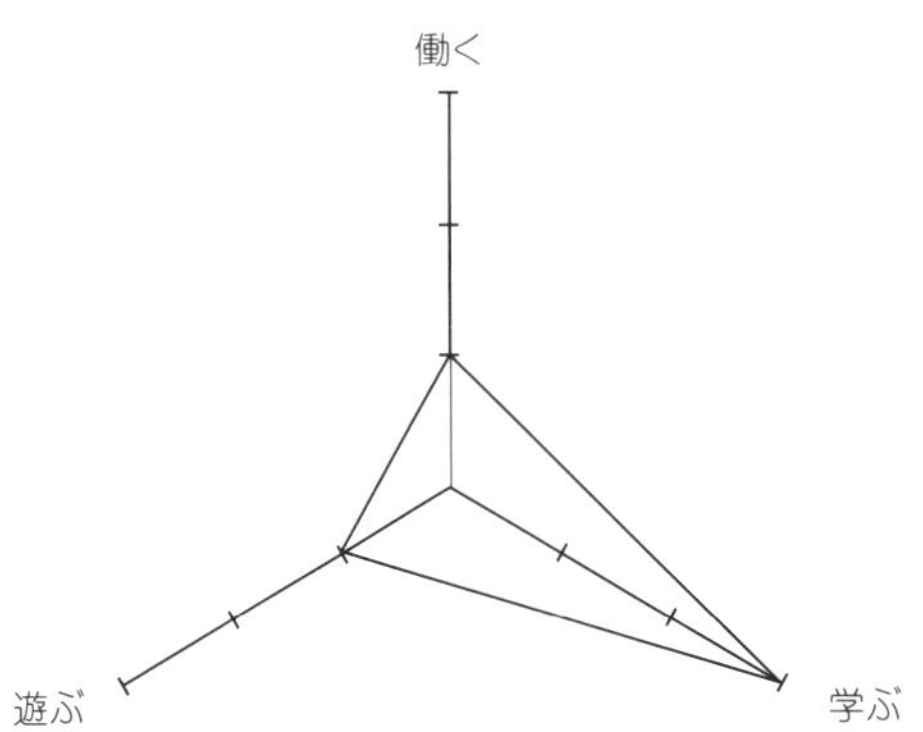

●図２－５　子どもの類型③：学ぶ子ども（昭和40年代）

テレビでアニメ化され、そのキャラクターを中心に、スポンサーが商品開発を行なう体制ができる。例えば、手塚治虫の「鉄腕アトム」は雑誌「少年」に掲載されたマンガを、明治製菓がスポンサーになって、フジテレビから放映されたものである。そして、横山光輝の「鉄人28号」は、雑誌とテレビ局は鉄腕アトムと同じだが、スポンサーは江崎グリコであった。また、藤子不二雄の「オバケのQ太郎」は、「少年サンデー」に掲載されたマンガを、不二家がスポンサーになり、TBSから放映されている。

このように一九五九年ごろから一九六三年ごろにかけての数年の間に、子どもの世界にテレビが進入し、子どもの生活が変容する。紙芝居の代わりにテレビを見る。そして、駄菓子屋でなく、大手食品メーカーのスナックを食べる。そうした変化が全国規模で広がっていく。見方によると、子どもが商品流通過程に巻き込まれ、子どもの世界から、地域差が消え、子どもが家庭に潜ってしまったのはこの時期以降である。

テレビが家に入ってくると、家にいるのが楽しくなる。テレビは自分から何もしなくても、スイッチを押すだけで楽しい時間を過ごせる。といって、テレビに飽きたら、スイッチを切れば画面はすぐに暗くなる。友だちとの遊びのように遊びをやめる手続きはいらない。

子どもはテレビ好きになり、外遊びの群れから外れ、放課後の時間を家庭で過ごすようになる。ちょうど、そのころから学習塾通いが盛んになったので、塾通いをする子どもも増える。そういう形で、群れる子の数が減少する。そうなると、外へ行っても友だちがいるとは限らないため家の中でテレビを見て、退屈を紛らわそうとする子どもも現われる。

その結果、都市や山村を問わず、群れ遊ぶ子どもの姿は消え、子どもたちは「巣ごもり」をするように家の中に身を隠してしまった。家庭のなかには、テレビの他にもマンガやＣＤのように、一人で時を過ごすのに適した「玩具」があるので、子どもたちは退屈しないですむ。したがって、テレビの登場以後、子どもの生活は、家の中で時間を過ごす室内型へと変わってくる。

　子どもの群れが本当に失われたのか。そう考えて、筆者は、昭和四十年代後半から数年間、群れ遊ぶ子どもの姿を求めて、各地の小学校を訪ねた経験がある。その結果は『遊びと勉強』[☆33]に詳しいが、そのなかから、二事例を紹介しよう（表２－19）。

　この調査を行なった一九七五（昭和五十）年といえば、テレビが子どもに身近になってから十年ほど経過した時期である。そして、地域的に離れた漁村と都市といった二事例だけでも、①手伝いをしている子どもがいない、②群れ遊びをする姿が少ない、③テレビ視聴が放課後の時間の半数前後を占めるなどの傾向が明らかになる。

　端的な指摘を行なうなら、家の手伝いが減り、群れ遊びをしなくなった。その時間を子どもはテレビ視聴に費やしている。テレビ視聴の占める割合は三重の漁村の事例が60・1％、大阪では44・

●表２－19　放課後の生活時間

地域	三重県の漁村	大阪市内
調査日時	昭和 51 年 3 月 3 日	昭和 50 年 12 月 6 日
天候	快晴	くもり
学年・人数	5 年，29 人	4 年，28 人
放課後の時間	5 時間 6 分	6 時間 4 分
テレビ視聴	3 時間 4 分	2 時間 43 分
家庭学習	29 分	42 分
塾やおけいこごと	8 分	48 分
手伝い	10 分	6 分
外遊び	13 分	25 分
その他の時間	2 時間 2 分	1 時間 20 分
テレビ視聴の割合	60.1%	44.8%

８％に達する。「家の手伝い＋群れ遊び＝テレビ視聴」のような関係が感じられる。家にこもり、テレビを見ながら、放課後を過ごす生活スタイルである。

電子メディアに囲まれ

現在の子どものまわりには、テレビに加え、さまざまな電子メディアがある。子どもがそうした電子メディア時代に身を置くようになったのは一九八三（昭和五十八）年七月に任天堂から一万四、八〇〇円で、ファミリーコンピュータが発売されて以降である。そして、「スーパーマリオブラザーズ」が一九八五（昭和六十）年九月に発売され、三年半で一千万を超える売上を示した。その後、ロールプレイングゲームの傑作「ドラゴンクエストⅠ」が翌一九八六（昭和六十一）年五月に発売され、さらに、「ドラゴンクエストⅢ」の発売日の一九八八（六十三）年二月十日には、学校を休んで買いに行った中・高校生四百名以上が警視庁に補導されて、社会問題となった。それだけ魅力的なソフトが発売されたわけで、ドラゴンクエストⅢは売上が一、二〇〇万本に達したという。☆34

そうした経過はともあれ、その後も、さまざまなメディアが子どものまわりを取りまくようになる。現在の子どもの生活で、電子メディア時代を感じさせるのは携帯電話であろう。携帯電話の操作は簡単である。単純な操作で、時間を超え、場所を越えて、誰とでもコミュニケーションを取れる。これまで、友だちと会おうと思うと、合う場所を決めることが必要になるし、夜遅くは連絡が取れなかった。しかし、携帯電話は、時間の制約や場所の限定を超越して友だちとコンタクトすることを可能にした。さらに、メールを使えば、費用的にも安い。労力の少なさと比較して、多くの利便を期待できる。子どもを取りまくメディアは、携帯電話の他にも、ＣＤ・ＭＤコンポやテレビゲームも軽便さを備えている。コンポは頭出しやリピートが可能だし、サウンドも自分の好みに選択できる。もちろん、さまざまな形での録音も可能である。

そうした便利なメディアに囲まれていると、メディアのある空間が快適になる。そして、自分の部屋で、心のままに、いくつかのメディアを操作して、ゆったりとくつろぐのが、至福の時となろう。このような電子メディアの登場は、テレビの時代と比べ、どのような意味をもつのだろうか。

①パーソナルなメディア　テレビの時代、居間に家族が集まり、「8時だヨ！全員集合」を見るのが家族団欒の風景だった。いわば、家族の中心にメディアが位置する構図である。現在では、家にあるテレビの台数が増え、子ども部屋にもテレビがあり、テレビがパーソナル化している。子どもは、自分専用のテレビを持ち、自分の部屋をパーソナル・スペースとする生活を送っている。

②情報のラッシュ　子ども部屋では、雑誌を読むことはできても、新しい情報をほとんど入手できなかった。現在では、子ども部屋に、パソコン機能があれば、子どもでも情報を探索できるし、情報の発信もできる。子どもが、部屋にいながら、無限に近く情報を受信し、発信できる時代を迎えている。

③イージーに入手　雑誌を読むには、字を覚え、文を理解する力が必要だった。だから、子どもは年齢に応じた雑誌に接することはできても、大人の雑誌を読むのは困難だった。しかし、現在では、ボタンを押すだけで、テレビの画像が映り、ＣＤが鳴り始め、パソコンが作動する。自分がほんの少し働きかけるだけで、多様な質の高い情報を入手できる。努力が求められずに、イージー

な感じで、情報を入手できる時代である。

そうした環境のなかで生活していると、一人でいることが快適だし、自分流に生きている気持ちがする。そうなると、部屋から外へ出て、人とふれあうことがおっくうになりやすい。そう考えると、「ひきこもり」は現代の子どもが陥りやすい心の状況のように思われてくる。

これまで「働く」「遊ぶ」「学ぶ」を基準として、子どもの生活を類型化してとらえてきた。現在の子どもの状況は、図２－６のように「何もしていない」ところに特性が見られる。手伝いもしていないし、勉強もしていない、そして、群れ遊びもしていない。子ども部屋の中でじっと暮らす、社会的なひきこもり状況がうかんでくる。

子どもらしさとは、「活発に動く」とか「元気いっぱい」なことであろう。そう考えると、ひきこもる子どもは、もっとも子どもらしくない存在である。子どもから子どもらしさが消えた。未来をつくるのが子どもだとしたら、子どもらしい子どものいない日本に未来はないのかもしれない。

理想の子ども像

これまで、子どもについて、「働く子ども（図２－３）」「遊ぶ子ども（図２－４）」と「学ぶ子ども（図２－５）」「ひきこもる子ども（図２－６）」

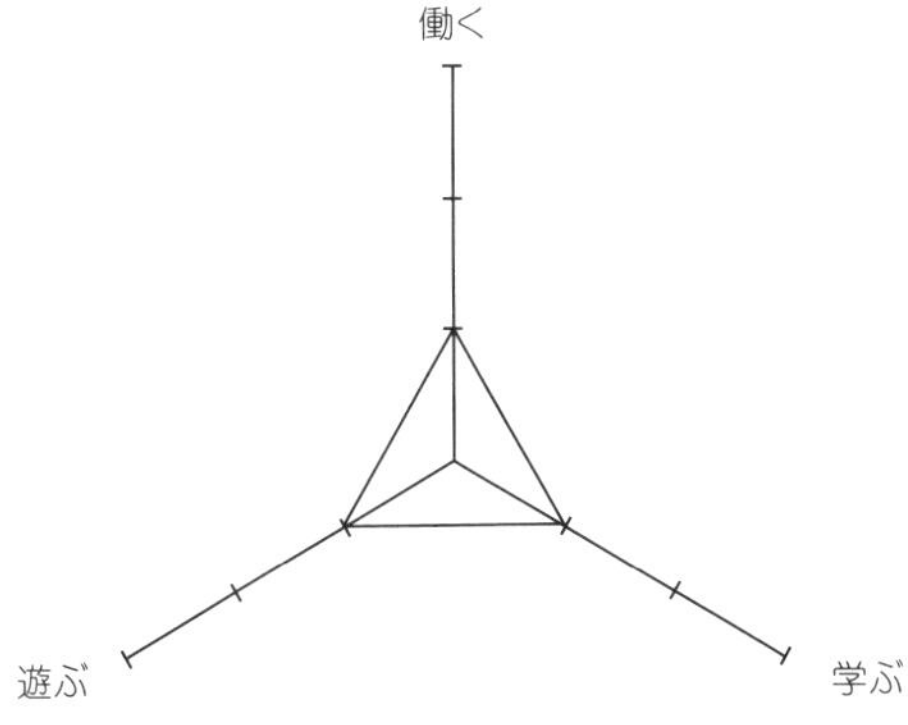

●図２－６　子どもの類型④：ひきこもる子ども（平成）

の四つの類型を提示してきた。すでにふれたように、長い間、子どもは働く存在とみなされ、子どもとしての時間をもてなかった。それだけに、児童問題に関心を寄せる人たちは、児童労働からの解放を訴えてきた。そうした意味では、子どもが労働から解放された現在は、子どもの置かれている状況が理想に近づいたといえよう。しかし、現在の子どもはあまりに労働から離れすぎている。経済的な理由からでなく、子どもの成長のために、その年齢なりに、働く体験をさせることが重要であろう。

そして、「学ぶ」についても、どの子どもも、学べるようになったことは望ましい状況であろう。しかし、図２－５のように、勉強に追われるのは、子どもの心身の成長が妨げられよう。かといって、現在のように、子どもがまったく勉強しないのも問題であろう。

そうしたなかで、子どもが遊びの時間をもてないのがもっとも気にかかる。「働く」や「学ぶ」は、大人が子どもに課している課題で、子どもが子どもらしくなるには「遊び」の体験を豊富にもつことが必要になる。

素朴にとらえると、家庭で育った子どもが地域で群れて遊ぶ。そして、地域で友だちづきあいの仕方を覚え、意欲を育て、町や村の子どもとして成長していく。そうした子どもが学校で勉強するから、勉強が役立つのである。

そう考えると、これからの子どもの姿として、図２－７のような形が考えられる。まず、よく群れて遊ぶこと。そして、ほどほどの勉強をする。加えて、ある程度の働く体験をもつ。全体として、バランスが取れているうえに、遊びが上位を占めている構図である。

そこで、図２－７のなかでは、群れ遊びをいかに再生するかが重要になる。しかし、考え方によっては、群れは再生しやすい。遊びというと、時間と人、場所が問題だといわれる。しかし、どんなに狭い場所でも、遊びは成り立つ。そうした意味では、自由な時間をもった子どもが何人か集まれば、群れ遊びが復活する。それだけに、子どもに自由な時間を保障することが重要である。そのためには、親と教師、地域の人々が子どもの群れ遊びの重要性を理解し、遊びを見守る姿勢が必要になる。

子どもの発達段階を考え、少なくとも、小学生のうちは友だちと群れて遊ぶことを最優先させる。すでにふれたように、群れていれば、どの子どもも体が丈夫になり、友だちづきあいの仕方を身につけ、たくましさを増し、やる気も芽ばえる。そう考えて、週に二、三日は、子どもの自由時間を保障する「フリー・デイ」を設け、子どもが安心して遊べるように、子どもの「サンクチャリー（聖域）」を設定したいのである。

日本の場合、まだまだ、家庭は十分に機能を果たしているし、古い感じながら学校も頑張っている。それだけに、地域のなかに子どもの生活の場を保障し、遊び戯れる声の聞こえる町に地域を再生させることが重要であろう。そして、子どもが心身ともに健やかに育てば、中学に入ってから、それぞれの子どもに自分の生きる目標を見つけさせる。そして、高校以降、自分の選んだ道にそった学習に進めばよいのである。

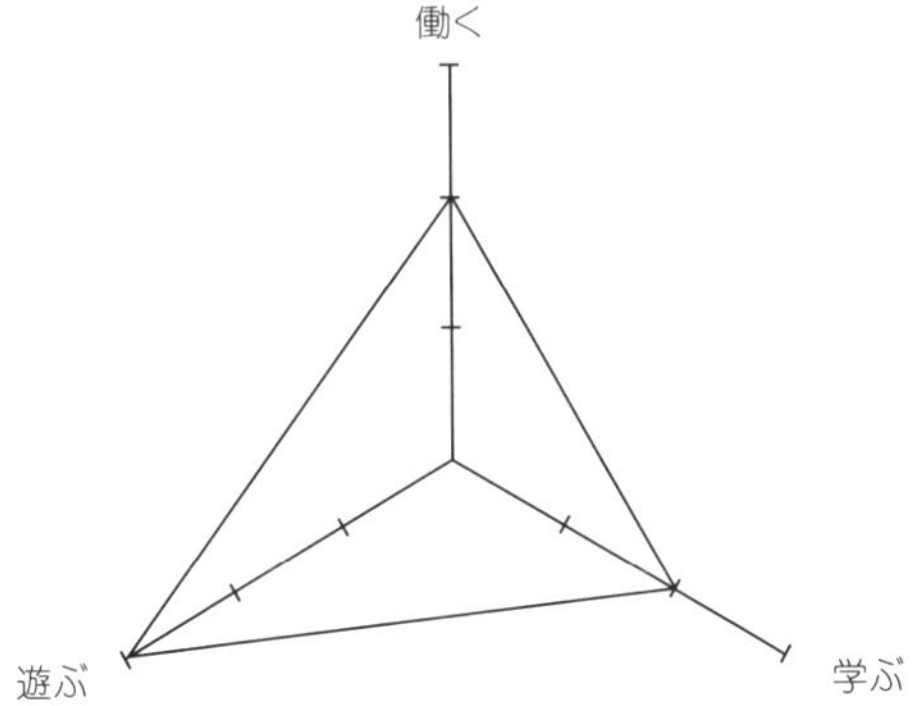

●図２−７　子どもの類型⑤：子ども（未来）

子どものひきこもりを解消し、たくましい子どもを育てるにはどうしたらよいか。親と教師、地域の人々が、足並みを揃え、子どもの育ちを確かなものにする方策を考えよう。日本社会の将来は子どもが健やかに育つかにかかっている。

あとがき

本書は二〇〇四年に行なわれた「日本子ども社会学会」の共同調査のデータをもとに執筆された。この共同調査が発起されたのは二〇〇三年十月、京都の龍谷大学で行なわれた学会常任理事会の席上であった。通常のあとがきとやや趣を異にするが、このプロジェクトが成立した経緯や調査作業等について記し、後続の人々による本学会の共同事業のさらなる発展に供したい。

社会科学系の学会では、しばしば大規模な共同調査のプロジェクトの計画が出てくる。学会には全国に広がる会員がいて、学会の一番の財産は人的資源、人的ネットワークである。大会を毎年持ち回りで開催し、そこで会員が個人研究や共同研究の成果を発表したり、シンポジウムを開催するのがどの学会でもルーティンの事業であるが、この人的財産を生かして、もっと積極的に共同調査が計画できないかと考えるのは当然であろう。しかし大がかりな調査に必要な手間ひまや予算を考えるとついニの足を踏むことになって、なかなか実施にこぎつけられない。

今回の「子どもの放課後全国調査」を可能にしたのは、会員の協力、調査対象校である多くの小学校の協力、メールというコミュニケーション手段、良心的なデータ処理会社（安い費用でのデータ処理）の４点セットの存在によるものであった。

「日本子ども社会学会」はやっと結成十年を迎えた、会員数五百余人の小さい学会である。しかし昨今のように、子どもを取りまく社会環境の変化から、子どもたちにさまざまな問題状況が生まれてきている状況を見るにつけ、子ども問題への社会的対応のために、基礎的なデータを収集し全国に発信していくことが学会に求められているのではないかとの提案が、常任理事会の席上でなされたのだった。この学会は必ずしも「子ども社会」研究の手段として調査的方法を用いる人ばかりではなく、多様な研究領域の人々から構成されている。しかも会員には、大学の研究者ばかりでなく、現場をよく知る人々、すなわち幼稚園や保育所、小中高の教員までの幅広い人々が参加している。そうした会員たちの協力があれば、種々困難な条件をもつ全国調査の実施も可能かもしれない。とりあえず、高旗正人と深谷和子が調査を担当することとなり、同時に「学会共同事業プロジェクト委員会」が発足した。二〇〇三年十月のことであった。

問題は調査費用である。学会運営に関する予算計画は毎年六月に行なわれる本学会の大会での会員の承認が必要である。しかし翌二〇〇四年度の10回大会での決定を経てプロジェクトを立ち上げたのでは、遅いのではないか。これをきっかけに、できれば学会として五年十年単位で継続調査をも計画したいところでもある。そのため、とりあえずは理事を中心に、会員の手弁当で実施することとした。理事会の帰り道に京都駅の喫茶店で、高旗正人、深谷和子、深谷昌志、秦政春の四名の理事が、今後の計画について打ち合わせを行なった。

調査の経緯についてはすでに、1章で詳しく述べられている。

試行調査のテーマは手始めに「子どもの放課後」とし、全国16地点での調査校探しはすべて会員の協力で行なわれた。作成された調査票サンプル（B４版４枚）を調査校に持参し協力をとりつける作業もすべて会員の手で行なわれ、調査票印刷と各学校への送付作業は東京成徳大学で行なわれた。回収された調査票をデータ処理会社に送付した。打ち上がったロウデータを用いて、数名の会員が解析作業を進め、結果は「子どもの放課後に関する共同調査（試行調査）」として、二〇〇四年六月の第11回学会大会で発表された。同時に開催された総会で、同年秋に実施する本調査（秋調査）の事業とそれに伴う予算が承認され、五十五万円（本調査五十万円、試行調査五万円）が交付されることとなった。試行調査の不足分は三名の理事が負担することとした。

広い調査地点に散らばる約三千サンプルの調査が、わずか五十万円の予算枠内で実施できたのは、ひたすら会員による協力の結果である。通常ならその10倍かそれ以上もの経費を要するプロジェクトであるはずだが、人件費を一切支出しなかった。学会から交付された予算のほとんどは業者に払ったデータ入力代と単純集計表の打ち出しの費用に当て、その他は調査票の送付と回収の宅急便代だった。調査校にも一切謝金を支払わなかった。その代わり全体のデータの他に、それぞれの学校のデータを打ち出して利用に供し、あわせて発表資料や報告書等もその都度まめに送付した。試行調査の発表時に、たまたま佐世保の小6女児殺害事件があって、この全国調査のデータにマスコミの取材が殺到したため、そのコピーを送付して学会調査の社会的意義を伝えながら、このプロジェクトへの協力に感謝を表明した。会員だけでなく多くの小学校を巻き込んで、手弁当そのものの精神で行なわれた珍しい調査であった。

なお、このようなネットワークづくりは、本調査（秋調査）への協力の継続を期待してのことでもあった。しかし試行調査（冬調査）に協力してくださった16地点のなかで、引き続き本調査をも引き受けてくださった学校は12地点だけだった。校長や教頭が異動した学校も多く、「聞いていない。引き受けるのが難しい」となり、また地域に困難な問題を抱えている学校では、初めから「今回に限って」引き受けてくれた学校もあった。再度、近くの似た条件の学校探しを会員に依頼した。終わってみれば、人々の協力とネットワークに全面的に依存した壮絶な調査であったとも言える。

しかし残念にも、実施条件のうえでは大きな誤算が生じた。こちらの計算できなかった気象条件である。計画では、同一地点で、厳冬期と秋のさわやかな季節では子どもの放課後の過ごし方に差があるであろうとの仮説を検証する予定であった。北海道のように寒暖の差が激しい地域から、一年中子どもが屋外で遊べるはずの沖縄のような地域までを含めてサンプル校を選び、前日が晴天だった日に実施を依頼して「前日の過ごし方」を聞き、また「いつもの様子」も含めた調査項目構成になっている。

しかし二〇〇四年の一月は、近年にない暖冬であった。また秋は、夏から続いた記録的な長雨で、子どもが屋外で遊べるような天候を待つうちに九月十月は過ぎ、十一月に入って木枯らしが吹く地域も出てきた。調査の一番の目論見であった季節差が思ったほどデータ上に反映しなかったのは、こうした事情による。むろん季節にかかわらず、最近の子どもは家の中で同じような過ごし方をしていると見ることもできるが、その点に思いが残る。

なお二回の調査は学会から支出された費用（会員の年会費）と理事のカンパで賄われたものであり、学会で発表されたあと、会員が請求すればロウデータを送付することになっていて、その旨が学会のホームページで告知されている。以後の調査も同様に、学会調査のデータであることのクレジットをつければ、個人が解析して研究に使用することができる仕組みである。

「子どもの社会」の現状とその問題点について、学会が積極的に資料を収集し、それを社会に発信して学会の使命を果たそうとする意図が少しでも実現すれば喜ばしいところである。

そして、出版事情が悪いなかで本書が刊行できたのは北大路書房のご厚意によるものであるが、本書の各章は、担当者がそれぞれ今回のデータを再解析するなどして利用され、またそのうえに長年の研究者としての蓄積に基づいて新たな知見が加えられている。そのため、子どもの放課後の現状について、多くの視点をもつものになった。また執筆分担者は、会長をはじめ、現（元）理事がほとんどである。学会の理事はどの学会も高齢者が多く、若い会員からはしばしば批判の対象とされるものだが、本書は理事の地位にある人々が、地位や年齢にかかわりなく一研究者として、現役以上の現役であることを示したワークかもしれないが、どうだろうか。高齢の理事として、そのことを併せて喜びたい。

二〇〇六年　春

日本子ども社会学会共同プロジェクト委員会委員長　深谷和子
同委員　高旗正人
学会会長　原田　彰
研究刊行委員長　深谷昌志

【追記】

この共同調査に参加した会員は以下の諸氏であった。（アイウエオ順・敬称略）
稲葉和子（富山県長岡市立福岡小学校）、上島　博（御所市立葛城南小学校）、太田佳光（愛媛大学）、片岡徳雄（広島大学名誉教授）、三枝恵子（埼玉県立松山高校）、須田康之（北海道教育大学）、住田正樹（放送大学）、高旗正人（中国学園大学）、土橋　稔（世田谷区立給田小学校）、永井聖二（東京成徳大学）、西本裕輝（琉球大学）、秦　政春（元大阪大学）、深谷和子（東京成徳大学）、深谷昌志（東京成徳大学）、山縣文治（大阪市立大学）、雪江美久（東北福祉大学）、山本武夫（元仙台市立黒松児童館）

☆12　日本テレビ協議会調査委員会（編）　1985　子どもの生態系が変わる—データが語る70年代と80年代　日本テレビ
☆13　土門　拳　2002　腕白小僧がいた　小学館
☆14　門脇厚司　1999　子どもの社会力　岩波書店
☆15　Dumazedier, J.　1962　*Vers une Civilisation du Loisir ?*　Editions du Seuil. 中島　巌（訳）余暇文明へ向かって　1973　東京創元社
☆16　江原慎四郎（編）　1978　余暇教育学（講座・余暇の科学３）　垣内出版
☆17　松原治郎（編）　1977　余暇社会学（講座・余暇の科学１）　垣内出版
☆18　藤田英典　1997　教育改革　岩波書店
☆19　原田　彰　2003　教師論の現在　北大路書房
☆20　教育研究同志会（編）　1942　児童の生活調査
☆21　文部省　1954　イリの村の生活と子ども
☆22　南　伸坊　1997　ぼくのコドモ時間　ちくま文庫
☆23　あんばいこう　1993　少年時代　無明舎
☆24　町田　忍　1999　昭和浪漫図鑑　WAVE出版
☆25　教育時論　1924（大正13）年4月5日　34頁
☆26　教育時論　1932（昭和7）年3月15日　35頁
☆27　「勝間小学校百年史」1975（昭和50年）
☆28　「堀之内小学校百年史」1979（昭和54年）
☆29　「世田谷区教育史·資料編4」1966（昭和41年）
☆30　「杉並区教育史・下」1966（昭和41年）
☆31　安田　武　1982　東京昭和私史　新潮社
☆32　加藤周一　1968　羊の歌　岩波新書
☆33　深谷昌志・深谷和子　1976　遊びと勉強　中公新書
☆34　深谷昌志・深谷和子　1989　ファミコン・シンドローム　同朋社出版

文献

1章

☆1　千石　保・飯長喜一郎　1985　日本の小学生—国際比較で見る（第2版）　日本放送出版協会
☆2　ＮＨＫ世論調査部（編）　1985　いま，小学生の世界は　続・日本の子どもたち　日本放送出版協会
☆3　森　楙　1992　遊びの原理に立つ教育　黎明書房
☆4　中央教育審議会　2003　子どもの体力向上のための総合的な方策について（答申）
☆5　文部科学省　2005　データからみる日本の教育（2005）
☆6　森　昭雄　2002　ゲーム脳の恐怖　日本放送出版協会
☆7　篠原菊紀　2003　体育的な営みが脳を鍛える？　理大科学フォーラム（東京理科大学），**20**（11），24-29.
〈参考文献〉
深谷昌志　1983　孤立化する子どもたち　日本放送出版協会

2章

☆1　子ども調査研究所　1967　現代子ども白書　三一書房
☆2　住田正樹　2000　子どもの仲間集団の研究（第2版）　九州大学出版会
☆3　ＮＨＫスペシャル「子どもが見えない」取材班　義家弘介・金森俊朗　2005　子どもが見えない　ポプラ社
☆4　学研・科学ソフト開発部子ども研究グループ　2005　学研版「小学生白書」小学生まるごとデータ　学習研究社
☆5　岩井弘融　1972　社会学原論　弘文堂
☆6　山縣文治　2002　現代保育論　ミネルヴァ書房
☆7　深谷昌志　1996　子どもの生活史　黎明書房
☆8　松田道雄　1973　自由を子どもに　岩波書店
☆9　藤本浩之輔　1974　子どもの遊び空間　日本放送出版協会
☆10　奥野健男　1989　文学における原風景—原っぱ・洞窟の幻想（増補版）　集英社
☆11　堀内　守　1978　文明の岐路に立つ教育　黎明書房

【執筆者一覧】（執筆順）

髙旗正人	中国学園大学子ども学部教授	(1章1節)
須田康之	北海道教育大学教育学部旭川校教授	(1章2節)
秦　政春	元・大阪大学大学院人間科学研究科教授	(1章3節)
深谷和子	東京成徳大学子ども学部特任教授	(1章4節)
西本裕輝	琉球大学大学教育センター助教授	(1章5節)
土橋　稔	世田谷区立給田小学校校長	(1章6節－1)
上島　博	香芝市立三和小学校教諭	(1章6節－2)
住田正樹	放送大学教授	(2章1節)
山縣文治	大阪市立大学生活科学部教授	(2章2節)
原田　彰	広島大学名誉教授	(2章3節)
深谷昌志	東京成徳大学子ども学部教授	(2章4節)

【編者紹介】

◆ 深谷昌志（ふかや・まさし）

1933 年　東京都に生まれる
　東京教育大学大学院博士課程修了（教育学博士）
　奈良教育大学，放送大学，静岡大学教授などを経て
現　在　東京成徳大学子ども学部教授・学部長（教育社会学専攻）
主　著　良妻賢母主義の教育　黎明書房　1961 年
　学歴主義の系譜　黎明書房　1963 年
　女性教師論　有斐閣　1980 年
　孤立化する子どもたち　NHK ブックス　1982 年
　無気力化する子どもたち　NHK ブックス　1988 年
　親孝行の終焉　黎明書房　1995 年
　子どもの生活史　黎明書房　1996 年
　子どもらしさと学校の終焉　黎明書房　1999 年
　学校とは何か－「居場所としての学校」の考察　北大路書房　2003 年

◆ 深谷和子（ふかや・かずこ）

1935 年　東京都に生まれる
　東京教育大学（現筑波大学）教育学研究科博士課程単位取得退学
　東京学芸大学教授，東京成徳大学人文学部教授，同心理・教育相談センター長などを経て
現　在　東京成徳大学子ども学部特任教授，東京学芸大学名誉教授
主　著　幼児・児童の遊戯療法　黎明書房　1974 年
　遊びと勉強（共著）　中公新書　1976 年
　ファミコン・シンドローム（共著）　同朋舎出版　1989 年
　働くお母さんからの 61 通の手紙　PHP 研究所　1991 年
　青少年条例－自由と規制（共著）　三省堂　1993 年
　あなたのクラスはジェンダーフリー？（共著）　東京都女性財団　1995 年
　「いじめ世界」の子どもたち　金子書房　1996 年
　子どもを支える－子どもの発達臨床の今とこれから　北大路書房　2003 年

◆ 高旗正人（たかはた・まさと）

1937 年　倉敷市に生まれる
　広島大学大学院博士課程修了　博士（教育学）
　広島大学、滋賀大学、岡山大学を経て
現　在　中国学園大学子ども学部教授・学部長（教育社会学・教育方法学専攻）
　岡山大学名誉教授
主　著　自主協同学習論　明治図書　1978 年
　講座自主協同学習　（編著）（3 巻）明治図書　1981 年
　パーソンズの教育規範　アカデミア出版会　1996 年
　教育実践の測定研究（編著）東洋館出版　1999 年
　論集「学習する集団」の理論　西日本法規出版　2003 年

いま，子どもの放課後はどうなっているのか

2006年5月20日　初版第1刷発行
2007年2月20日　初版第2刷発行
定価はカバーに表示してあります。

編　者　深谷昌志
　　　　深谷和子
　　　　高旗正人

発行所　㈱北大路書房
〒603-8303　京都市北区紫野十二坊町12-8
電　話（075）431-0361㈹
FAX（075）431-9393
振　替　01050-4-2083

制作／T.M.H.　印刷・製本／㈱創栄図書印刷
検印省略　落丁・乱丁本はお取り替えいたします。
ISBN978-4-7628-2506-4　Printed in Japan